Zu diesem Buch Die besten Seefahrer des Altertums waren die Phönizier. Als Großkaufleute errichteten sie ein Handelsimperium, das den gesamten Mittelmeerraum umfaßte. Das phönizische Imperium zerbrach nach über tausendjähriger Blütezeit am Machtanspruch Alexanders des Großen und ging zweihundert Jahre später mit der Zerstörung Karthagos unter.

Phönizische Schiffe ankerten in geschützten Buchten in Zypern, Sizilien, Sardinien, Nordafrika, Spanien und an der Westküste Marokkos. Ihre Städte errichteten die Phönizier auf künstlichen Inseln vor der Libanonküste. Neue Funde in ihren Heimathäfen und an von ihnen angelaufenen Handelsplätzen rund um das Mittelmeer haben viele neue Einsichten in die Lebensweise der Phönizier gebracht. Dieses Buch untersucht die Gründe dafür, warum die Phönizier in Vergessenheit gerieten, und rekonstruiert ihre Geschichte.

Mit den Phöniziern kam etwas Neues in die Welt, denn: nicht der Wille zu erobern trieb sie, wie die Babylonier oder Assyrer, sondern der Wunsch, Handel zu treiben. Gemeinstreben und die friedliche Eroberung neuer Märkte, nicht Plünderei und Zerstörung waren ihre Politik.

Der Autor Maitland A. Edey ist freier Schriftsteller. Während der Vorarbeiten zu diesem Buch bereiste er die Ruinen der antiken Seehäfen im Libanon, in Nordafrika und auf Sizilien. Edey wurde von dem Archäologen James Bennet Pritchard und von Stanley Gevirtz, Professor für die Kulturen des Vorderen Orients, beraten.

Umschlagfoto © Pierre Boulat. Phönizisches Handelsschiff mit den typisch hohen Vorder- und Hintersteven (assyrische Alabasterschnitzerei).

Die Frühzeit des Menschen

Anfänge des Seehandels

von Maitland A. Edey
und der Redaktion
der TIME-LIFE-Bücher

rororo

Rowohlt

Titel der Originalausgabe: «The Sea Traders»
Aus dem Englischen übertragen von
Hans-Heinrich Wellmann
Für die Taschenbuchausgabe eingerichtet und bearbeitet
von Jürgen Volbeding
Layout Peer-Marten Scheller
Umschlagentwurf Werner Rebhuhn

Veröffentlicht im Dezember 1977 mit freundlicher Genehmigung
TIME-LIFE-Books, Time Inc., New York

Original English language edition published by Time Inc.
in the United States
Deutsche Taschenbuchausgabe:
Rowohlt Taschenbuch Verlag GmbH, Reinbek bei Hamburg
Satz: Clausen & Bosse, Leck/Schleswig
Druck: Mühlmeister & Johler, Hamburg
Umschlagdruck und buchbinderische Verarbeitung:
Clausen & Bosse, Leck/Schleswig
Printed in Germany
880-ISBN 3 499 18074 X

Inhaltsverzeichnis

Einführung

Von den drei Völkern, die um 1200 v. Chr. im östlichen Mittelmeerraum eine Rolle spielten – den Israeliten, Philistern und Phöniziern –, sind die Phönizier die am wenigsten bekannten. Die Einwanderung des Volkes Israel nach Kanaan wird in den Berichten des Alten Testamentes verherrlicht. Die gleiche Quelle hat auch die Philister unsterblich gemacht, wenngleich sie dort in einem so ungünstigen Licht erscheinen, daß ihr bloßer Name zum Synonym für ungeistige Spießbürger geworden ist – was sie durchaus nicht waren. Die Phönizier dagegen blieben relativ unbeachtet. Abgesehen davon, daß sie der Überlieferung nach als Erfinder des Konsonantenalphabets gelten sowie eines Verfahrens, Wolle mit leuchtendem Königspurpur zu färben, sind ihre Leistungen als Händler, Seefahrer und Kolonisatoren kaum bekannt.

Heute läßt sich die Geschichte der Phönizier stückweise zusammenfügen. Phönizische Schiffe ankerten in geschützten Buchten in Zypern, Sizilien, Sardinien, Nordafrika, Spanien und an der Westküste von Marokko. Neue Funde nicht nur in ihren Heimathäfen, sondern auch in diesen Anlaufhäfen rund um das Mittelmeer und noch jenseits desselben haben viele neue Einsichten in die Lebensweise der Phönizier gebracht und Licht auf ihre Leistungen geworfen. Wenn die Seefahrer an Land gingen, um Handel zu treiben und später sogar Handelsniederlassungen und Kolonien zu gründen, hinterließen sie Spuren, deren volle Bedeutung wir erst in jüngster Zeit richtig verstehen können.

Heute sind die Archäologen auf einem Dutzend Fundplätzen rund um das, was einmal das Mare Internum hieß, dabei, die phönizische Vergangenheit auszugraben. Ich selbst z. B. habe mehrere Jahre damit verbracht, mich vorsichtig durch die verschütteten Ruinen einer der phönizischen Städte an der libanesischen Küste hindurchzuarbeiten, um ihrer Geschichte auf den Grund zu gehen und vielleicht etwas von dem Geist der Seefahrer zu erfassen, die von diesem Hafen aus in See stachen.

Mit ihrer friedlichen Eroberung neuer Märkte wurden die Phönizier das erste Volk aus dem Osten, das den Atlantischen Ozean entdeckte und das eine wertvolle Erfindung überallhin verbreitete: das Konsonantenalphabet. Hätten sie beides nicht getan, hätte sich die Geschichte des abendländischen Menschen vielleicht in einer ganz anderen Richtung entwickelt.

Professor James B. Pritchard
Associate Director
University Museum
University of Pennsylvania

Als der Perserkönig Xerxes 480 v. Chr. mit einem Heer von 200 000 Mann auszog, um die Griechen vernichtend zu schlagen, wurde er von den Phöniziern mit 300 Schlachtschiffen und Versorgungsschiffen unterstützt. In der Straße von Salamis wurde die persische Flotte dann allerdings gänzlich aufgerieben, weil in der Meerenge die wendigere griechische Flotte der Masse der sich gegenseitig behindernden persischen Schiffe überlegen war. Die Rekonstruktion rechts zeigt den Moment, in dem ein phönizisches Schlachtschiff von dem Dorn eines griechischen Schiffes getroffen wird.

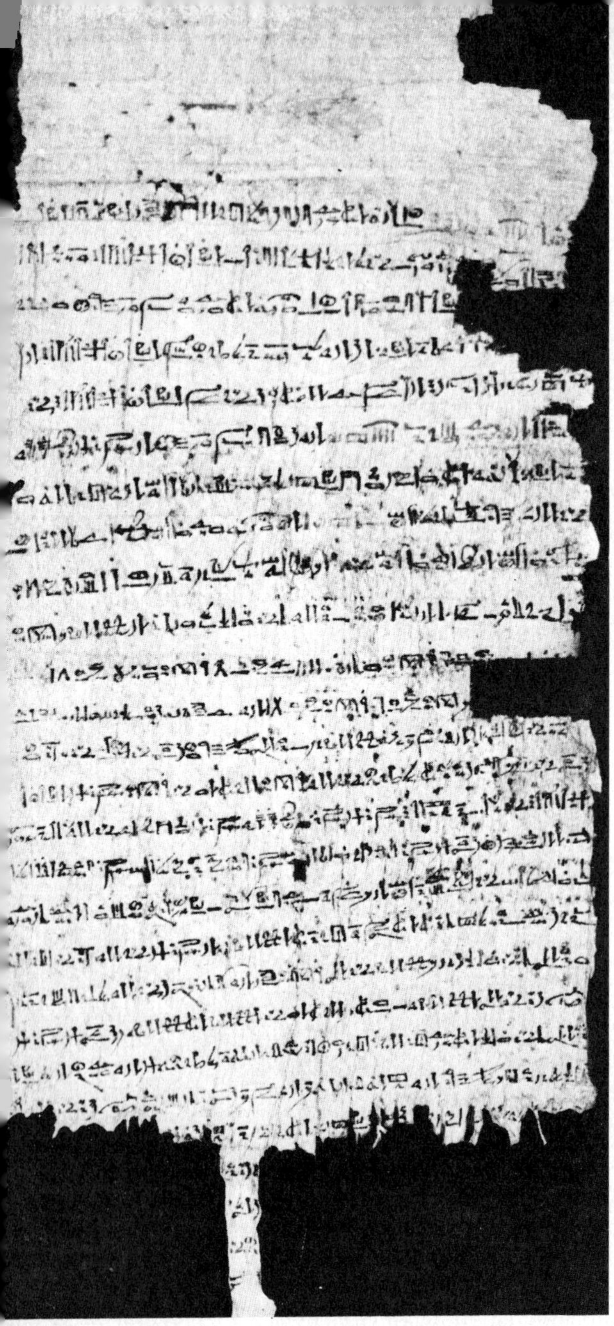

Diese Papyrusrolle aus dem 11. Jahrhundert v. Chr. schildert die Erlebnisse eines glücklosen ägyptischen Handelsagenten, der ausgesandt war, um von König Zakar-Baal von Byblos Holz zu kaufen. Die Schriftrolle wurde in Ägypten gefunden und von dem russischen Ägyptologen Wladimir Golenischeff 1899 erworben und veröffentlicht – zu einer Zeit, als Sammler sich gierig um Ägyptens archäologische Kostbarkeiten rissen. Heute befindet sie sich im Museum der schönen Künste in Moskau.

1. Wer waren die Phönizier?

1962 beschlossen zwei junge Meeresarchäologen nach dem Wrack von Kap Gelidonya (an der Südküste der heutigen Türkei, in der Nähe der Stadt Antalya) zu suchen, von dessen Existenz sie durch einheimische Perlenfischer erfahren hatten. Sie entdeckten es auf hartem, felsigem Grund, wo es nur wenig oder gar keine Sand- oder Schlammablagerungen gab, die es hätten bedecken und dadurch konservieren können. Auf diesem Grund war fast der ganze Rumpf des kleinen Fahrzeugs längst zerfallen. Nur die Ladung und unter ihr ein paar Reste der Bodenplanken mit einer kunstlosen Reisig- und Knüppelschicht waren übriggeblieben. Dieses Material hat man in der Seefahrt zu allen Zeiten gern als Ballast verwandt, um zu verhindern, daß die Ladung bei rauher See verrutscht. Die Altersbestimmung dieser Ballastreste trug mit dazu bei, Klarheit über das Alter des gesunkenen Schiffes zu gewinnen.

Für die Meeresarchäologie ist das Wrack von Kap Gelidonya von entscheidender Wichtigkeit. Sieht man von einem zweiten, nicht ganz gesicherten Fund ab, der in geringer Wassertiefe unweit Marsala vor der Küste von Sizilien gemacht wurde, so ist das Wrack von Kap Gelidonya der einzige bekannte Rest eines Schiffes, das als von den Phöniziern erbaut gilt.

Die meisten, falls sie von den Phöniziern überhaupt schon einmal gehört haben, wissen nur zwei Dinge: daß sie große Seefahrer und Kaufleute waren und daß sie das Konsonantenalphabet erfunden haben. Das erste stimmt, das zweite nicht.

Ein Reich, das es nie gab. Die Phönizier waren in der Tat die größten Seehändler der Alten Welt. Ihre Ausgangsbasis lag im östlichen Mittelmeer, in einem Teil des heutigen Libanon. Um 1200 v. Chr. begann ihre Blütezeit, die ein Jahrtausend später endete. Im Laufe dieses langen Zeitraumes beeinflußten sie Wirtschaft, Kultur und Politik im ganzen Mittelmeerraum entscheidend. Ein Land oder Reich namens «Phönizien» gab es allerdings nie, sondern nur eine Reihe unabhängiger Städte, die mehr am Handel als am Aufbau eines Staates interessiert waren. Trotzdem sind die Städte an der libanesischen Küste unter der Bezeichnung «Ostphönizien» und die im westlichen Mittelmeergebiet unter «Westphönizien» zusammengefaßt worden.

Mehr noch: als Händler machten sie sich gegenseitig sogar die schärfste Konkurrenz. Sie sprachen zwar die gleiche Sprache und verehrten die gleichen Götter, fanden sich aber nie in einem gemeinsamen Staat zusammen.

Sie sprachen von sich selbst als den Tyrern, Sidonern, Bybliern, Karthagern, Motyern usw. Der Name «Phönizier» war ihnen unbekannt; er wurde ihnen wahrscheinlich von den Griechen gegeben und erhielt sich durch den Umstand, daß die griechische – und nicht die phönizische – Sprache und Kultur erhalten und überliefert sind. Der Phönizienforscher Donald Harden führte das Wort «phönix» auf Homer zurück. Dieser bezeichnete damit eine dunkelrote oder purpurartig braune Farbe. Da die Phönizier außerordentlich geschickte Färber und ihre Purpurstoffe berühmt waren, stimmt die Interpretation wahrscheinlich. (Mit dem mythischen Vogel Phönix hat er nichts zu tun, obwohl beide auf dieselbe griechische Wurzel zurückgehen.)

Diese Karte vermittelt einen Eindruck von der Kühnheit der Phönizier als Händler und Entdecker. Jede auf der Karte an Afrikas Küsten eingezeichnete Stadt – mit Ausnahme der griechischen Kolonie Kyrene – war eine Gründung der Phönizier, mit Karthago als der Metropole des Westens. Das gleiche gilt für die Städte auf Malta, Sizilien, Sardinien, den Balearen und in Spanien.

Zahlreiche Erwähnungen in der Bibel, der antiken Literatur und Geschichtsschreibung verschaffen den Phöniziern den Ruf, die vorzüglichsten Seefahrer, Händler, wandernden Kunsthandwerker, Entdecker und Schiffsreeder ihrer Zeit gewesen zu sein. Sie tauschten ihre Waren mit Ägyptern, Griechen, Assyrern und Babyloniern, mit Afrikanern und Iberern. Die gesamte Mittelmeerwelt war für sie ein großer Basar. Aber es trieb sie sogar noch darüber hinaus, in den Atlantik, an Afrikas ferne Küsten weit nach Süden und vielleicht sogar nach Norden bis zur Bretagne und den britischen Inseln. Und doch wußte man bis vor gar nicht langer Zeit so gut wie nichts über sie: allzu spärlich, so schien es, war das, was sie über sich selbst mitgeteilt hatten.

In dieser Hinsicht unterschieden sie sich völlig von ihren Nachbarvölkern, welche Mythen, Geschichten, genaue historische Berichte und erstaunliche private Dokumente ihres täglichen Lebens hinterlassen haben. Von den Babyloniern und Assyrern sind auf zahllosen Denkmalsinschriften, ebenso von den Ägyptern auf Papyrusrollen, einer Menge von Gebrauchsgegenständen und Kunstwerken sowie auf Tempeln und Gräbern Botschaften überliefert. Über die Juden berichtet das Alte Testament, über die Griechen Homer, Herodot (484–424 v. Chr.) und Thukydides (460–400 v. Chr.) sowie zahlreiche andere Dichter, Dramatiker und Historiker. Die Phönizier haben Selbstzeugnisse dieser Art nicht hinterlassen.

Keine Lieder, keine Anekdoten ... Es sind andere Völker, die im Zusammenhang mit ihren eigenen Angelegenheiten von den Phöniziern berichten. Wandreliefs aus Ägypten und Mesopotamien zeigen Schiffe und Städte der Phönizier besser als irgendeine phönizische Quelle. Man hat bisher nur zwei bedeutende Sammlungen von Tontäfelchen gefunden, die die Wissenschaftler den Phöniziern oder ihren direkten Vorgängern zuordnen; die eine ist politischen, die andere religiösen Angelegenheiten gewidmet; keine von beiden enthält irgendwelche Aussagen über das Alltagsleben der Phönizier. Das Wesen eines Volkes verrät sich in Liedern, die es singt, und in Anekdoten, die es sich erzählt, aber von den Phöniziern ist weder das eine noch das andere bekannt. Sie waren vertraute Gestalten in den Mittelmeerhäfen, als Homer die *Ilias* schrieb, und sicher waren sie an Schiffen, Meer, Krieg und Frauen nicht weniger interessiert als die Griechen, was sie darüber dachten und sagten, ist jedoch unbekannt.

Weder Staat noch städtische Chroniken, weder Geschichtsschreiber noch Dichter, weder Lieder noch Possen. Wer aber waren die Phönizier? Und wenn sie ihren Zeitgenossen in der Antike so vertraut waren, wie kommt es, daß sie später in Vergessenheit gerieten?

Berechtigte Fragen. Die Phönizier verschwanden auf Grund der eigentümlichen geographischen wie historischen Bedingungen ihrer Existenz – ein besonderes Klima, Nachbarn von bestimmter Eigenart – und auf Grund ihres Lebensstils, den sie selbst unter jenen Bedingungen entwickelten. Über sie zu schreiben ist deshalb möglich, weil – mögen ihre Schiffe auch mehr oder weniger ein Geheimnis bleiben – in immer größeren Mengen Handelsobjekte gefunden worden sind, die die Phönizier überall vertrieben und die nun von Archäologen in jahrelanger Arbeit aus dem ganzen Mittelmeerraum zusammengetragen worden sind. Teils handelt es sich dabei um phönizische Produkte, teils um Erzeugnisse anderer Völker, für die die Phönizier als Zwischenhändler fungierten – gemeinsam ist ihnen aber die weite Verbreitung über die ganze Welt der Antike, was die Phönizier als tüchtige Händler und Seefahrer auszeichnet.

Phönizische Handelsniederlassungen. Ferner gibt es phönizische Fundstätten, viele davon nur noch kümmerlichste Spuren von aufgegebenen Handelsniederlassungen, die sich wie eine Perlenkette westwärts an der nordafrikanischen Küste hinziehen. Der Archäologe, der einen solchen Platz findet und weiß, welche Strecke ein Handelsschiff am Tag aller Wahrscheinlichkeit nach zurücklegte (ungefähr 50 Kilometer), vermag mit ziemlicher Genauigkeit den nächsten Küstenpunkt anzugeben, an dem die Händler für die Nacht an Land gegangen waren. Eine ganze Reihe von Rastpunkten wurde auf diese Weise entdeckt. Außerdem Siedlungen und Handelsstützpunkte, die sich allmählich zu Städten entwickelten.

Die Lage von einigen dieser Orte wie auch die Tatsache, daß sie phönizischen Ursprungs waren, war in der gesamten geschichtlichen Zeit bekannt. Andere gingen unter und mußten erst wiederentdeckt werden. Noch jüngst, 1970, kam in dem nur 13 Kilometer von Sidon entfernten Sarepta eine reiche archäologische Fundstätte zutage. Trotz der Zerstörungen durch Griechen und Römer, aber auch durch manch einen arabischen Eroberer und christlichen Kreuzfahrer haben sich die Urzeugen jener phönizischen Siedlungen in Gestalt von alten Mauern, Treppen, Brunnen, Tempelfundamenten, Grabsäulen und sogar steingepflasterten Schiffswerften erhalten.

Städte wie Oia, Utica und Hippo an der afrikanischen Mittelmeerküste oder wie Motye, Lilybaeum (Marsala) und Panormos (Palermo) auf Sizilien sowie Sulci auf Sardinien, Alalia auf Korsika, Abdera und Gades (Cadiz) in Spanien und Magador an der afrikanischen Atlantikküste sind eindeutig phönizischen Ursprungs und geben einige Antworten auf die Fragen, wer die Phönizier waren und was sie leisteten.

Der Ursprung der Phönizier. Die Phönizier waren Kanaanäer, Angehörige eines von zahlreichen semitisch sprechenden Völkern, die sich im Laufe von mehreren Jahrtausenden über Vorderasien ausgebreitet hatten. Woher sie kamen, ist schwer zu sagen, doch glauben die Wissenschaftler, daß es sich um eine in mehreren Wellen erfolgte Ausbreitung von Nomadenstämmen handelte, die im Laufe der Jahrhunderte aus den riesigen Halbwüsten des nördlichen Arabien sowohl nach Osten in das fruchtbare Euphrat- und Tigristal als auch nach Westen ans Mittelmeer, in die heutigen Gebiete von Syrien, Libanon, Jordanien und Israel wanderten. Daher waren die meisten Völker, deren Namen im Buch der altorientalischen Geschichte verzeichnet sind, semitischen Ursprungs: die Babylonier, Assyrer, Israeliten, Kanaanäer, Moabiter, Amoriter, Ammoniter, Amalekiter und andere, von denen man heute noch nicht die Namen kennt. Sie machten sich zwei unermeßlich wichtige menschliche «Erfindungen» zunutze: den Ackerbau und die Haustierzucht, die beide, so vermutet man, vor rund 10000 Jahren ihren Ausgang vom Vorderen Orient nahmen. Diese Erfindungen erleichterten dem Menschen den Übergang vom Jäger und Sammler, der vollkommen vom jahreszeitlich bedingten Reichtum der Natur an Früchten, Nutzpflanzen und Jagdwild abhängig war, zum seßhaften Ackerbauer oder Hirtennomaden, der nur noch wanderte, um seinen Tieren Nahrung und Wasser zu sichern. Mit der Gründung von Siedlungen und Städten entwickelte sich eine differenzierte Gesellschaft, und schließlich bildeten sich mächtige Reiche aus. In den engeren Bergtälern des Hinterlandes war der Anreiz zum Zusammenschluß geringer; die Landschaft begünstigte vielmehr die Isolierung der Menschen. So kam es hier eher zur Bildung kleiner Stadtstaaten als großer Reiche, jeder mit einem eigenen König.

Nach dem augenblicklichen Stand der wissenschaftlichen Kenntnis kamen um 5000 oder 4000 v. Chr. die ersten kanaanäischen Einwanderer in das Gebiet der heutigen Staaten Libanon und Israel, das sich als fast 480 Kilometer langer Küstenstreifen mit dahinterliegenden Gebirgsketten und Hochplateaus am Ostrand des Mittelmeeres hinzieht. Es besitzt an der Küste ausgezeichnete Häfen. Außerdem gibt es in Küstennähe gutes Ackerland, wenn auch nicht viel, da nur wenige Kilometer landeinwärts parallel zum Meer ein Gebirgszug verläuft.

Die Einwanderer verdrängten die Ureinwohner, die teils vom Ackerbau, teils vom Fischfang lebten, oder verschmolzen mit ihnen. Die Kanaanäer gründeten Städte, lernten Schiffe bauen und das Meer befahren und begannen längs der Küste mit ihren Nachbarn Handel zu treiben. Es war dieser Volksstamm, den die Ureinwohner als die Phönizier kennenlernten.

Der Grund für die mangelnden Überlieferungen. Nach den Antworten auf diese ethnologischen und geographischen Fragen ist nun zu klären, warum man lange Zeit so wenig über die Phönizier wußte. Ein Grund ist das Klima. Der Küstenstrich des Libanon ist ziemlich feucht. Inschriften auf Papyrus verschwinden nach kurzer Zeit; Holz verfault; Tontäfelchen, wenn sie nicht sicher in der Erde vergraben sind, zerfallen. Selbst Steindenkmäler und -inschriften verlieren, wenn sie lange genug den Witterungseinflüssen von Wind, Regen und Frost ausgesetzt sind, ihre Konturen und werden schließlich unentzifferbar. Während also die Phönizier ungefähr ein Jahrtausend lang mit großem Fleiß alle möglichen Dinge herstellten, bewahrten oder schriftlich festhielten, arbeiteten die Elemente mit dem gleichen Fleiß an deren Zerstörung.

Ein weiterer Grund ergibt sich aus der geographischen Lage der kanaanäischen Küstenstädte. Sie lagen strategisch günstig nicht nur in bezug auf den Handel, sondern auch als Ausgangsbasis für Eroberungskriege. Die Großmächte jener Zeit waren das assyrisch-babylonische Reich im Osten des Libanon, das ägyptische im Süden und das hethitische im türkischen bzw. anatolischen Hochland im Norden. Alle drei waren Landmächte mit großen Heeren, aber ohne Flotten.

Zwischen diesen drei Reichen lagen stark zerklüftete, wasserarme Gebiete, zu einem großen Teil reine Wüste. Wollten sie einander angreifen, so konnten sie nur entweder die festgelegten Karawanenstraßen über einige wenige Gebirgspässe benutzen – oder an der kanaanäischen Küste entlangziehen. So gewann die Kontrolle über die dortigen Häfen entscheidende strategische Bedeutung für die babylonischen oder ägyptischen Eroberer, deren Ziel es war, sich Weltreiche aufzubauen. Infolgedessen wurden diese Hafenstädte, von denen jede ein selbständiges kleines Handelskönigreich bildete, unentwegt bekriegt, geplündert und in Brand gesteckt – kurzum, die Phönizier mußten immer wieder von vorne anfangen.

Neben den Babyloniern und Ägyptern wurde das Zentrum der Levante (Naher Osten) auch für die Perser, Griechen und Römer, byzantinischen Kaiser, Sarazenen, Kreuzfahrer, Türken und in jüngster Zeit für die Engländer, Franzosen und Deutschen zum Kriegsschauplatz. Als zu Beginn des 19. Jahrhunderts die ersten Archäologen sich mit diesem schwerfaßbaren Phöniziervolk zu beschäftigen anfingen, fanden sie so gut wie keine sichtbaren Spuren phönizischen Ursprungs. Als die Forscher jedoch ins Erdreich eindrangen, machten sie historisch wichtige Funde.

Die fünf größten ostphönizischen Städte waren Arados, Byblos, Berytos (Beirut), Tyros und Sidon. Sie sind noch heute bewohnt, und in den unter dem jetzigen Niveau liegenden Schuttschichten an den Rändern der modernen Städte begann vor nicht viel mehr als hundert Jahren langsam die Wiederentdeckung der phönizischen Vergangenheit. Enttäuschend war, obwohl die Phönizier ihre See- und Handelsfahrten doch auf Schiffen unternahmen, daß während mehr als einem Jahrhundert archäologischer Forschungsarbeit nicht ein einziges Schiff in den Schlickablagerungen eines phönizischen Hafens oder den Trümmern einer Werft zutage kam. Nicht eine phönizische Reliefdarstellung, nicht eine Abbildung eines Schiffes wurde gefunden. Soweit eigene Schriftzeugnisse der Phönizier in Betracht kommen, konnte die außergewöhnliche merkantile Leistung, die diese tüchtigen Menschen vollbrachten, ihren Niederschlag gut auf Zinntafeln gefunden haben. Auf Grund dieses Fehlens von direkten Zeugnissen über phönizische Schiffe tauchten 1960 Unterwasserarchäologen zu dem beim Kap Gelidonya entdeckten Wrack hinab, um es zu untersuchen.

Das Wrack von Kap Gelidonya. Natürlich wußten sie beim ersten Tauchen noch nicht, was sie da gefunden hatten. Entsprechend einer heute bei jeder gewissenhaften archäologischen Arbeit befolgten Regel – gleichgültig ob es sich um Grabungen in prähistorischen Höhlen, in Ruinenstädten oder auf dem Meeresboden handelt – war das erste die Anfertigung eines Lageplans des Fundortes mit genauer Angabe des Platzes, den jedes einzelne Objekt einnahm. Denn die Wissenschaft hat inzwischen erkannt, daß die exakte Lage eines Fundes genauso wichtig ist wie dieser selbst. In dem Wrack nun gab die Verteilung der Gegenstände auf dem Meeresboden klare Hin-

Eine Vorstellung von der älteren Tradition, aus der sich die phönizische Kunst und Kultur entwickelte, gibt dieser männliche Bronzekopf, der 1936 in der prähistorischen Stadt Ugarit gefunden wurde. Ugarit, einst ein blühendes Handelszentrum, dessen Verbindungen bis nach Griechenland und Kreta reichten, wurde 1234 v. Chr. geplündert.

weise auf die Größe des Schiffes. Obgleich von dem Rumpf so gut wie nichts mehr übrig war, lagen die Dinge, die er einmal enthalten hatte, noch an ihrem ursprünglichen Platz, wodurch es möglich wurde, die Länge des Schiffes auf ungefähr 18 Meter zu veranschlagen. Nachdem die Kartenaufnahme abgeschlossen war, wurde mit der Bergung der Ladung und der noch vorhandenen Rumpfteile begonnen. Beinahe alles war mit einer dicken, steinharten Schicht überzogen, den jahrhundertealten Ablagerungen aus Meeresorganismen. Daher konnte man das Fundmaterial meistens erst identifizieren, nachdem es Stück für Stück losgebrochen und an die Oberfläche gebracht worden war, wo dann die Verkrustung abgeschlagen werden konnte.

Bei diesem Abschlagen und Säubern erkannte man bald, daß es sich bei dem Fund um das Schiff eines fahrenden Schmiedes oder Kesselflickers handelte. Der größte Teil der Ladung bestand aus Kupfer- und Zinnbarren – den Rohstoffen für die Bronzeherstellung – und ein paar Stücken Abfallbronze, die der Schmied offensichtlich aufbewahrt hatte, um sie bei der Anfertigung irgendwelcher Metallgegenstände zu verwenden, für die in den von ihm aufgesuchten Hafenorten möglicherweise Nachfrage bestand.

Neben den Rohmaterialien, die ein Schmied benötigt, fanden sich die dafür typischen Werkzeuge: ein großer, flacher Steinamboß, zwei Steinhämmer, ein Schleifstein, mehrere Poliersteine, um den fertigen Metallgegenständen den letzten Schliff zu geben, und ein besonderer, mit Löchern versehener Bronzeblock zur Herstellung von Draht. Diese Werkzeuge und Metallbarren verrieten sowohl durch ihre Form als auch durch ihre Werkzeichen, daß sie aus Zypern stammten. Es lag also nahe, daß es sich um ein zyprisches Schiff handelte, was sich jedoch als falsch herausstellte. Als man einiges vom Meeresgrund heraufgebracht hatte, entdeckte man, daß eine kleine Sammlung persönlicher Besitztümer zusammenkam. Unter anderem mehrere geschnitzte Skarabäen (als Siegel oder Amulette benutzte Nachbildungen des Blatthornkäfers), ein Rollspiegel (zum Stempeln von Tontäfelchen), einige Steinmörser und -stößel, dazu eine Anzahl verschieden großer Gewichte für eine Schalenwaage – alles eindeutig kanaanäischer Herkunft.

Diese schlichten kleinen Gegenstände lassen einen Blick in das Leben eines kanaanäischen Wanderhandwerkers tun. Da sowohl Rohmaterial als auch das zur Fabrikation nötige Werkzeug sich an Bord befand, handelt es sich offenbar um eine fahrende Werkstatt, die einem seefahrenden Handwerker gehörte; es ist denkbar, daß er seine ganze Habe mit sich führte. Ob er Geschäftspartner hatte und wie groß eventuell seine Mitarbeiterschar war, darüber ist nichts bekannt. Unter den Funden waren einige Olivenkerne, und auf Grund einer Altersbestimmung dieser Kerne ließ sich der ganze Fund auf die Zeit um 1200 v. Chr. datieren.

Von den Kanaanäern zu den Phöniziern. In das 13. Jahrh. v. Chr. legten die Wissenschaftler die Entwicklung der Küstenkanaanäer zu Phöniziern. Also kann man das Schiffswrack durchaus schon als phönizisch bezeichnen. Dieser langsame Übergang gilt auch für die Städte an der Küste des Libanon. Den Abschnitt ihrer Geschichte vor 1100 und um 1200 v. Chr. bezeichnet die Wissenschaft als «kanaanäisch»; die Zeit danach als «phönizisch». Zu dieser Namensänderung berechtigen Ereignisse in Ägypten, in der Ägäis und im anatolischen Hochland, Gegenden, in denen Herrscher sich erhoben und entthront wurden und ganze Reiche zerbrachen.

Die Kanaanäer, zuvor durch mächtige Nachbarn auf ihr unmittelbares Gebiet beschränkt, begannen nun, mit wachsender Kühnheit und Schnelligkeit, in das durch den Sturz ihrer Nachbarn entstandene Vakuum einzudringen. In kurzer Zeit hatten sie sich aus einem lokalen Küstenvolk von Händlern zu Seefahrern und Kaufleuten mit einem über das ganze Mittelmeer verstreuten Netz von Handelsniederlassungen entwickelt. Die Existenz dieses Handelsnetzes gibt den Schlüssel, die Phönizier als ein klar erkennbares Volk zu identifizieren. Das Wrack von Kap Gelidonya ist ein kleines, aber eindeutiges Zeugnis, daß für irgendeinen Küstenanwohner weiter südlich Seefahrt und Handel etwas ganz Normales war, als der Name «Phönizier» sich Geltung zu verschaffen begann. Um 1000 v. Chr. war er zu einem Begriff in der mediterranen Welt geworden.

Für das Verständnis der phönizischen Geschichte ist es von entscheidender Bedeutung, den Punkt zu bestimmen, wann aus Küstenkanaanäern Phönizier wurden. In der Fachwelt herrscht keine Einstimmigkeit über die genaue Zeitbestimmung. 1200 v. Chr. wird für möglich gehalten, aber auch erst um 1000 v. Chr., was bedeuten würde, daß das Schiff vom Kap Gelidonya nicht phönizischer Herkunft ist. Aber gerade dieses Wrack läßt darauf schließen, daß sich die Kanaanäer zu diesem Zeitpunkt bereits von Landhändlern zu Seehändlern, also zu Phöniziern, entwickelt hatten. Der Fundort läßt deutlich werden, daß die Ausdehnung des Seehandels bereits groß war, und es ist wohl unwahrscheinlich, daß ausgerechnet die einzige oder weiteste Handelsreise mit einem Schiffsuntergang endete.

Für einen kanaanäischen Kaufmann standen nach etwa 1100 v. Chr. die Chancen völlig anders als etwa vor 1200 v. Chr. Einem frühen Kaufmann aus Byblos, der seinen Handel ausdehnen wollte, boten sich nur ziemlich begrenzte Möglichkeiten. Er konnte mit Ägypten nach den dort herrschenden Bedingungen Geschäfte machen. Aber es gab noch einen anderen reichen Markt: die Inselwelt der Ägäis, wo erstklassige Handelsgüter – vornehmlich Keramik und kunstvoll eingelegte Metallarbeiten – von zwei Völkern, den Minoern und den mykenischen Griechen, hergestellt und in den Handel gebracht wurden.

Das Seereich der Minoer. Diese Inselwelt war jedoch für einen kanaanäischen Kaufmann ziemlich verschlossen. Die rund 320 Kilometer lange Insel Kreta lag wie ein Sperriegel vor der südlichen Ägäis. Kreta war die zentral gelegene Heimatbasis der Begründer des ersten wirklichen Seereiches in der Geschichte. Die gesamte Ägäis war unter ihrer Herrschaft. Kretas Bewohner, die Minoer, kontrollierten den Handel mit den Städten der kleinasiatischen Küste und mit der ganzen ägäischen Inselwelt. Sie machten Geschäfte mit den Vorfahren Agamemnons und Nestors in Griechenland, sie drangen in das Schwarze Meer vor und trieben Handel mit den Reitervölkern aus den russischen Steppen, mit Skythen, Parthern und unzähligen anderen, namenlos gebliebenen Völkerschaften.

Diese Minoer waren ein mächtiges Volk und falls ein kanaanäischer Händler in die Ägäis eindrang, so tat er dies nur geduldet. Wahrscheinlich hatte er sich den minoischen Handelsbedingungen in seinem eigenen Heimathafen zu unterwerfen. Aus diesem Grund zog er es vor, nur als Zwischenagent für Waren zu fungieren, die er nach Ägypten weiterbeförderte oder für den langen Transport über das Gebirge und die staubigen Hochebenen des Libanon zu ihren Bestimmungsorten Babylon oder Ninive umlud.

So blieben für Städte wie Byblos in der Frühzeit jahrhundertelang als Orientierung für den Handel nur Ägypten im Süden und Mesopotamien im Osten. Dann aber trat, seit etwa 1400 v. Chr., eine Kette von gewaltsamen Veränderungen ein, die diese relativ stabile Handelswelt bis in ihre Fundamente erschütterte. Die mykenischen Griechen machten sich zu Herren Kretas, und das minoische Seereich verschwand; nur verbrannte Paläste und ein Abglanz vergangenen Ruhmes blieben zurück. Ungefähr zweihundert Jahre dauerte die griechische Besetzung, dann brach auch sie zusammen. Die griechischen Städte auf dem Festland wurden eine nach der anderen geplündert. Wie es dazu kam, ist nicht geklärt. Einige Historiker glauben, daß die Katastrophe von innen her angelegt war und daß die mykenische Kultur zur Selbstzerstörung neigte; andere sind der Meinung, sie sei das Opfer der Einwanderung eines griechischstämmigen Volkes, bekannt als die Dorer, geworden, das von Norden her in mehreren Wellen ins Land einfiel. «Seevölker» aus dem Norden, von Kreta und den übrigen Inseln landeten an der ionisch-kleinasiatischen Küste. Sie erschienen auch an den Küsten des Libanon und Syriens – teils in panikartiger Flucht, teils als Eroberer auf der Suche nach Land und neuen Siedlungsmöglichkeiten.

In jenen unruhigen Zeiten um 1200 v. Chr. wurde für viele Völker die Seeräuberei zur Existenzform. Nachdem die minoische Seeherrschaft gebrochen war, gab es bald in jedem Küstenschlupfwinkel Piraten. Sie schlossen sich zusammen und begannen mit Erfolg Küstenstädte zu plündern. Ihre unglückbringenden Flotten vermehrten sich und machten Jagd auf größere Beute. Nach Ansicht mancher Wissenschaftler war die Belagerung Trojas nichts anderes als eine gigantische Piratenexpedition bronzezeitlicher Griechen, die so auf die zunehmend chaotischer werdenden Verhältnisse in der Ägäis reagierten. 1200 v. Chr. wurden die kretischen Paläste zum zweitenmal geplündert und nie wieder aufgebaut. Die bisherigen Küstenbewohner zogen sich zurück und verlegten ihre Burgen ins Landesinnere auf sichere Felsen.

In dieser Umbruchszeit entwickelten sich aus den kanaanäischen Händlern die Phönizier. Ihre Häfen erlebten einen deutlichen Aufschwung, und zwei von ihnen – Sidon und Tyros – standen am Beginn einer langen und glanzvollen Geschichte. Diese Blütezeit der Küste kam in einem Augenblick, als sonst überall unsichere Machtverhältnisse eingetreten waren. Die Belästigung durch Seeräuberflotten sank auf ein lokales Maß herab. Die mykenische und minoische Seemacht hatte sich aufgelöst. Das Hethiterreich war ein Trümmerhaufen. Ägypten glitt immer tiefer in eine lange Agonie und verlor die Vormachtstellung über die Kanaanäer für immer. Anstatt von Byblos hohe Tribute in Form von Schiffsholz zu fordern, sah es sich jetzt gezwungen, es zu ständig steigenden Preisen in dem Stadtstaat einzukaufen. Diese Veränderung gegenüber früher war folgenreich für die Küstenstädte.

Die Geschichte zweier byblonischer Könige. Nichts veranschaulicht diese Entwicklung besser als die Geschichte von zwei Königen der Stadt Byblos: Rib-Addi, der um 1375 v. Chr. regierte, und Zakar-Baal, der um 1075 v. Chr. König war – der erste unzweifelhaft ein König der Küstenkanaanäer, der zweite ebenso unzweifelhaft ein Phönizier.

Die Welt, in der Rib-Addi lebte, wie auch sein eigenes Denken wurden beherrscht von Ägypten. Seit ungefähr einem Jahrtausend war Ägypten im Wechsel der Zeiten das mächtigste Reich der alten Welt gewesen. War es auch als Seemacht nie von großer Bedeutung gewesen, so hatte es doch mehrfach Perioden großer kriegerischer Landeroberungen erlebt. Ägypten besaß die Oberherrschaft über die gesamte kanaanäische Küste und trieb von den dortigen Häfen Tribute ein. Jahrhundertelang bediente es sich der Wirtschaft dieser Häfen zu seiner eigenen Versorgung und benutzte sie als Ausgangspunkt für seine nach Osten gegen die mesopotamischen Reiche Assyrien und Babylonien gerichteten Feldzüge. Zum Dank bot es den kanaanäischen Hafenstädten Schutz vor Angriffen anderer.

Die engsten und dauerhaftesten Bande unterhielt Ägypten in dieser Zeit politischer Beziehungen mit Byblos. Byblos war Ägyptens Hauptlieferant für Qualitätshölzer – hauptsächlich Zedern vom Libanon –, die in dichten Wäldern an den Berghängen östlich der Stadt wuchsen. Die Ägypter brauchten solche Mengen davon – für Möbel, Wandtäfelungen und insbesondere für die zu heiligen Zwecken benutzten Flußboote –, daß man die vom Nil kommenden Schiffe, die dieses Holz holen sollten, «Byblos-Schiffe» nannte. Die Ägypter bezahlten gut für Zedernholz aus Byblos und umwarben seine Könige mit Geschenken: geschnitzten Kästchen und Porträtbüsten aus kostbarem Stein, in die die persönlichen Siegel der Pharaonen eingraviert waren. Die Gegengabe der Könige von Byblos bestand in der Loyalität gegenüber den Ägyptern. Die ägyptisch-kanaanäische Allianz hatte jedoch zwei Seiten: War Ägypten stark, so war die Gefahr einer feindlichen Invasion gering; war es dagegen schwach und erhoben sich Feinde, so konnte es seinen Verbündeten nicht helfen. Die um ihre Existenz kämpfenden kleinen kanaanäischen Seehäfen mußten dann aus eigener Kraft mit den lokalen Schwierigkeiten fertig werden. Auf dem anatolischen Hochland im Norden wartete das mächtige und kriegerische Volk der Hethiter auf eine Gelegenheit, in den Küstenstädten Beute zu machen, und später fielen auch immer wieder die

Der Holzhandel war für den Reichtum der Phönizier von ausschlaggebender Bedeutung. Diese assyrische Alabasterschnitzerei zeigt, wie mühsam es war, die relativ kleinen Schiffe mit großen Baumstämmen zu beladen.

Assyrer und Babylonier von Osten in das Land ein. In einer Zeit ägyptischer Schwäche bestieg Rib-Addi den Thron von Byblos. Pharao war damals Amenophis III., dem sein Sohn Echnaton, ein religiöser Eiferer, folgte. Dieser entschloß sich, in einer von jeher polytheistisch orientierten ägyptischen Weltanschauung die Idee eines einzigen Gottes, Aton, durchzusetzen. Die Folge war, daß Echnaton in so erbitterte Kämpfe mit der fest im Sattel sitzenden Priesterkaste verwickelt wurde und sich für mehrere Jahre wenig oder gar nicht um die äußeren Angelegenheiten kümmern konnte. Ägyptens Herrschaft über die kanaanäische Küste lockerte sich. Starke Rotten umherziehender Abenteurer verdingten sich als Söldner in den plötzlich überall aufflackernden Städtefehden, die vorher durch die ägyptische Präsenz einigermaßen unter Kontrolle gehalten worden waren. So war für die Hethiter die Gelegenheit gegeben, sich selbst zu Herren der Levante zu machen.

Die Korrespondenz von Amarna. In dieser Situation setzte sich Rib-Addi eines Tages hin und diktierte einen Brief, der, wie üblich, auf ein Tontäfelchen geschrieben wurde und nach Ägypten abging. Dies ist bekannt, weil sein Brief erhalten blieb. Er wurde 1887 im ägyptischen Amarna gefunden, zusammen mit 63 weiteren Briefen Rib-Addis und ungefähr 300 von anderen Schreibern. Dieses geheime Tontafeldepot stellte sich als Teil des königlichen Archivs Echnatons und seines Vaters heraus. Es ist eine außergewöhnliche Sammlung; sie enthält außenpolitische Schriftstücke sowohl der Herrscher von Assur und Babylon als auch der Hethiter und der kleineren kanaanäischen Vasallenkönigreiche. Doch von all den Briefschreibern äußerte sich keiner mit solch unbeirrbarer Hartnäckigkeit wie Rib-Addi.

Er hatte Grund dazu. Der benachbarte Amoriterfürst Abdi-Aschirta und später sein Sohn Aziru hatten sich mit Söldnerbanden und den Hethitern eingelassen, wenn sie auch nach außen hin nicht aufhörten, ihre Treue gegenüber Ägypten zu bekunden. Vom Standpunkt eines Mannes wie Rib-Addi aus, dessen Schicksal eng mit dem Ägyptens verbunden war, war dies Verrat übelster Sorte. Außerdem entstand so für ihn eine gefährliche Situation, denn falls der Anschlag glückte, saß er auf dem äußersten Ast eines im wesentlichen ägyptischen Baumes, und niemand würde ihn auffangen, wenn er den Halt verlor. Er sandte also einen Brief nach dem anderen nach Ägypten, zuerst mit Warnungen vor den verräterischen Amoritern, dann – als ihr Verrat sich mit eroberten Städten und abgesetzten Kleinfürsten bezahlt zu machen begann – mit dringenden Hilferufen. Er bat um Soldaten, Pferde und, als der ruchlose Aziru stark genug war, die Stadt Byblos selbst zu belagern, um Lebensmittel. Aber es kam nichts.

Als nächstes erhob innerhalb der Stadtmauern eine Verschwörerpartei ihr Haupt. «Meine Tore haben Kupfer [d. h. Bestechungsgelder] angenommen», schrieb Rib-Addi in einem verzweifelten Brief, in dem er erklärte, wenn nicht augenblicklich Hilfe käme, werde er vielleicht aus Byblos fliehen müssen. Als auch hierauf keinerlei Antwort aus Ägypten kam, schickte er aus Sicherheitsgründen seine Schwester mit ihren Kindern in das weiter südlich gelegene Tyros. Aber Tyros ging schließlich zur anderen Partei über, und sie wurden alle ermordet.

Spätestens zu diesem Zeitpunkt hatte seine unerschütterliche Treue Rib-Addi in die äußerste Gefahr gebracht. In seiner Verzweiflung ließ er dem Pharao eine verschlüsselte Warnung zukommen, daß er sich nicht länger halten könne; seine Frau und der ganze Hof rieten ihm, zu Aziru überzugehen. Als er selbst hierauf keine rettende Antwort erhielt, griff Rib-Addi nach dem letzten Strohhalm: Er begab sich nach dem benachbarten Berytos, um hier Unterstützung zu finden. Bei der Rückkehr nach Byblos mußte er feststellen, daß sein eigener Bruder von ihm abgefallen war und die Stadt in seine Gewalt gebracht hatte: Rib-Addi stand vor verschlossenen Toren.

Jahrhundertelang lieferten die Zedern des Libanon Byblos, Tyros und zahlreichen anderen phönizischen Städten die unermeßlich wertvolle Exportware Holz.

Sein letzter Brief an Echnaton teilt mit, er wisse nicht, wohin er sich jetzt noch wenden solle, seine Feinde seien im Begriff, den König von Berytos zu überreden, ihn an Aziru auszuliefern.

Aller Wahrscheinlichkeit nach geschah dies auch, denn Rib-Addi verschwand, und man hörte nie wieder von ihm. Man kann annehmen, daß Aziru seiner habhaft wurde und ihn umbringen ließ, denn in einem anderen Brief aus dem Geheimarchiv von Amarna teilt ein angesehener Bürger der Stadt dem Pharao mit, daß Aziru ein abscheulicher Schurke sei, an dessen Händen das Blut von mehreren Königen klebe, auch das des Königs von Byblos.

Die Korrespondenz von Amarna gehört zu den interessantesten und aufschlußreichsten, aber auch menschlich bewegendsten, erhalten gebliebenen Dokumenten über die Phönizier und ihre Vorgänger. Mit aller Deutlichkeit führen diese so harmlos aussehenden Tontäfelchen vor Augen, wie unsicher und schlüpfrig der Boden war, auf dem der königliche Schreiber sich bewegen mußte; wie erbarmungslos auch für namenlose andere, die sich vor eine ähnliche Wahl gestellt sahen und ebenfalls womöglich auf die falsche Karte gesetzt hatten angesichts der immer wieder neuen Entscheidung, ob sie um ihr Leben feilschen oder kämpfen sollten. Sie mußten unentwegt ihren Mantel nach dem Winde hängen – nicht bloß nach dem starken ägyptischen, der aus dem Süden wehte, ùnd dem hethitischen aus dem Norden, sondern nach jedem kleinen Sandsturm, den ständig ein Nachbar gegen den anderen entfesselte.

Die Zeit hat sich gewandelt. Rund drei Jahrhunderte später ist Byblos gänzlich verändert, auch das einst so mächtige Ägypten hat sich sehr gewandelt. An die Stelle untertäniger kanaanäischer Fürsten wie Rib-Addi sind souveräne phönizische Könige getreten – ein Wandel, den ein anderes Dokument höchst eindrucksvoll anzeigt. Dies ist ein ägyptischer Papyrus von etwa 1100 v. Chr., der die Abenteuer eines Händlers aus Theben schildert. Dieser verhandelte mit König Zakar-Baal von Byblos wegen Zedernholz, das sein Pharao zum Bau einer Prunkbarkasse für den Gott Ammon brauchte.

Auf eigene Kosten mußte er die Reise auf einem syrischen Schiff machen, und unterwegs stahlen ihm Diebe den größten Teil seines Geldes. Als er in Byblos an Land ging, war nicht eine einzige Persönlichkeit zu seiner Begrüßung erschienen. Im Gegenteil, der König, Zakar-Baal, weigerte sich nicht bloß, ihn zu empfangen, er befahl Wen-Amon sogar, die Stadt wieder zu verlassen. 29 Tage nacheinander ließ ihm der König in barschem Tone ausrichten, er möge unverzüglich abreisen. Der einzige Grund, weshalb Wen-Amon blieb, war, daß er kein Schiff fand, mit dem er heimsegeln konnte.

Vielleicht war Zakar-Baal das neue Gefühl der phönizischen Unabhängigkeit zu Kopf gestiegen, vielleicht hatte er aber auch ganz einfach gehört, daß Wen-Amon unterwegs ausgeraubt worden war und kaum noch Geld besaß, um Holz, geschweige denn ein Geschenk für den König kaufen zu können.

Was auch immer der eigentliche Grund war: Wen-Amon überlegte noch verzweifelt unten am Hafen, was er tun sollte, als gerade im rechten Moment ein junger Höfling Zakar-Baals in einer Art religiöser Ekstase niederfiel und eine Stimme vernahm, welche befahl, der König müsse den ägyptischen Einkäufer empfangen. So kam Wen-Amon doch noch zu seiner Audienz bei Zakar-Baal; er fand ihn in einem Raum im Obergeschoß seines Palastes, «den Rücken dem Fenster zugekehrt, so daß die Wogen des großen syrischen Meeres sich hinter seinem Haupte brachen».

Diese aufschlußreiche Stelle zeigt, daß die Palastbauten in den frühphönizischen Städten mehrgeschossig waren, daß sie Fenster hatten und unmittelbar am Meer erbaut waren. Die Ruinen von Alt-Byblos scheinen dies zu bestätigen. Sie liegen in einem Gewirr alter Mauern und Fundamente auf einer ins Meer vorspringenden Landspitze. Die Küste ist felsig und fällt steil zum Meer hin ab, die alten Befestigungen erstrecken sich bis unmittelbar ans

Wasser, und es ist gut denkbar, daß der Palast eines Seehandel treibenden Königs direkt anstoßend an die Mauern erbaut wurde, von wo man möglicherweise einen – noch heute seitlich vorhandenen – kleinen, wohlangelegten Hafen überblicken konnte. Bei stürmischem Wetter mochte es wohl geschehen, daß das von heftigen Westwinden aufgewühlte Meer gegen diese Felsmauern brandete. Die Gischt konnte dann leicht ein paar Stockwerke hoch getragen werden und hell in der Sonne gleißen hinter dem Haupte des Königs, der – um den Bittsteller von seinem Thron herab bequemer zu fixieren – mit dem Rücken zum Licht saß.

Wen-Amons Empfang durch den König verlief frostig. Zakar-Baal faßte sich kurz: «Ich werde dir Holz verkaufen, wenn du es wünschest. Aber du wirst es mir in bar bezahlen müssen, und es sieht mir nicht danach aus, als ob du das könntest.» Dann zog er einige Schriftrollen hervor, in denen frühere Holztransaktionen verzeichnet waren. Dieser Hinweis ist ebenfalls aufschlußreich, denn aus ihm geht hervor, daß in Byblos Geschäftsurkunden auf Papyrus und nicht auf Tontäfelchen abgefaßt wurden. Auch bestätigt sich, daß Ägypten schon seit einer Reihe von Jahren Holz kaufte (also nicht als Tribut empfing), und zwar zu Preisen, die den armen Wen-Amon, dessen Geldbeutel schon bei Beginn nicht eben prall gefüllt und jetzt durch Diebstahl fast ganz geleert war, wahrscheinlich zusammenzucken ließen.

Wen-Amon machte einen Versuch, Zakar-Baal an die langen und engen Beziehungen zwischen ihren beiden Ländern zu erinnern sowie an die hohe Stellung des großen Gottes Ammon. Weder das eine noch das andere hinterließ bei Zakar-Baal den geringsten Eindruck. Schließlich gestattete er Wen-Amon, so viel Holz zu laden, wie er bezahlen konnte, nicht ein Stück mehr. Dann fixierte er den ägyptischen Sendling mit kaltem Herrscherblick und sagte: «Bedenke, die Aufträge [namhafte Holzlieferungen], die meine Väter früher ausführten, habe auch ich ausgeführt, obwohl du für mich nicht das getan hast, was deine Väter für mich getan hätten [an Geschenken und Bezahlung] ... Ich bin mit dir nicht einmal so verfahren wie mit den Abgesandten von Ka-em Waset, die 17 Jahre in diesem Land zubrachten. Sie starben [und fanden hier ihr Grab].»

Zakar-Baal erbot sich, Wen-Amon die Gräber der unglücklichen Boten zu zeigen, und begann von anderen ägyptischen Handelsagenten zu sprechen, die er ebenfalls für den Rest ihres Lebens festgehalten hatte. Der bis ins Mark erschrockene Wen-Amon bat, ihm die Gräber lieber nicht zu zeigen, und sandte dem Pharao eine dringende Botschaft, ihm mehr Geld zu schicken. Nach gehöriger Zeit erhielt er mehrere Kästen voll Gold und Silber, zehn Ballen ägyptisches Linnen, fünfhundert Rollen Papyrus, zehn Kleidungsstücke aus feinem Königslinnen, außerdem fünfhundert Ochsenhäute, fünfhundert Taue, zwanzig Sack Linsen und fünf Körbe Fisch; er bekam sogar ein wenig Linsen und Fisch für seinen eigenen Bedarf. Mit all dem konnte er den Holzeinkauf doch noch zu einem guten Ende bringen. Sein Bericht

Eine Chronologie der Phönizier

1200–1100 v. Chr.
Kanaanäische Küstenstämme werden als „Phönizier" bekannt.
1000–700 v. Chr.
Die Ostphönizier richten im Mittelmeerraum Handelsstraßen ein und gründen Kolonien.
um 880 v. Chr.
Beginn der 250 Jahre dauernden Feindseligkeiten der Assyrer gegenüber den Phöniziern.
um 814 v. Chr.
Tyros gründet Karthago.
735–728 v. Chr.
Beginn der griechischen Kolonisierung Siziliens.
um 700 v. Chr.
Karthago gründet Motye auf Westsizilien.
um 600 v. Chr.
Karthago schließt ein Bündnis mit den Etruskern gegen die Griechen.
585–572 v. Chr.
Nebukadnezar II. von Babylon belagert und erobert Tyros.
567–559 v. Chr.
Tyros unter babylonischer Herrschaft; Richter regieren die Stadt.
um 550 v. Chr.
Der karthagische Feldherr Mago führt einen Feldzug gegen die Griechen auf Sizilien und begründet die Dynastie der Magoniden.
494 v. Chr.
Die Phönizier geben den Persern Flottenunterstützung in ihrem 14jährigen Kampf gegen die Griechen.
480 v. Chr.
Schlacht bei Salamis: Sieg der Griechen über die mit phönizischer Flottenhilfe kämpfenden Perser. Gleichzeitig werden die Karthager von den auf Sizilien lebenden Griechen bei Himera vernichtend geschlagen.
397 v. Chr.
Die Griechen nehmen Motye ein.
336 v. Chr.
Alexander der Große beginnt mit der Eroberung des Vorderen Orients.
333 v. Chr.
Byblos und Sidon unterwerfen sich Alexander dem Großen.
332 v. Chr.
Tyros wird von Alexander dem Großen belagert und erobert. Untergang Ostphöniziens.
264–241 v. Chr.
Erster Punischer Krieg zwischen Rom und Karthago.
um 237 v. Chr.
Der Karthager Hamilkar Barkas schafft in Spanien eine neue Machtbasis und begründet die Dynastie der Barkiden.
229 v. Chr.
Hamilkar Barkas fällt im Kampf. Sein Schwiegersohn Hasdrubal wird sein Nachfolger und gründet Carthago nova in Spanien.
221 v. Chr.
Hasdrubal wird ermordet; sein Nachfolger wird Hamilkar Barkas' Sohn Hannibal.
218 v. Chr.
Ausbruch des Zweiten Punischen Krieges. Hannibal überquert erfolgreich die Alpen, um gegen die Römer zu kämpfen.
202 v. Chr.
Hannibal wird nach Afrika zurückgeworfen und von dem Römer Scipio besiegt. Ende des Zweiten Punischen Krieges.
146 v. Chr.
Der Dritte Punische Krieg endet mit dem Untergang Karthagos. Untergang Westphöniziens.

erzählt im weiteren von den Schwierigkeiten, die er auf dem Heimweg von Byblos hatte – Überfall durch Seeräuber, Schiffbruch bei Zypern. Was aus dem glücklosen Wen-Amon schließlich wurde, wissen wir nicht: die Stücke des Papyrus, die den Ausgang seiner Geschichte enthalten, sind verschollen.

Von der Abhängigkeit zur Unabhängigkeit. Was für ein Kontrast zwischen jenen beiden Königen von Byblos, die nur durch drei Jahrhunderte voneinander getrennt sind! Aber für die aufsteigenden Phönizier bezeichneten diese dreihundert Jahre den Weg von der Abhängigkeit zur Unabhängigkeit. Rib-Addi ist ein Bittsteller, ein Schutzsuchender. Mag er noch so viel unternehmen, sich drehen und wenden, wie er will, er weiß doch, daß die wirkliche Macht bei anderen liegt und daß er ohne Hilfe von außen untergehen wird. Seine Briefe wimmeln von «Mein Herr, dies» und «Mein Herr, das»: «Laß meinen Herrn wissen, daß ich bereit bin, mein Leben für ihn zu geben. Wenn ich in der Stadt bin, will ich sie für meinen Herrn verteidigen, und mein Herz schlägt nur für den König, meinen Herrn.»

Zakar-Baal dagegen steht fest auf seinen eigenen Beinen. Er will mit den Ägyptern Handel treiben, wenn es ihm paßt; wenn nicht, auch gut – und der ägyptische Abgesandte mag auf ewig in einem Verlies schmachten, was kümmert's ihn? Zakar-Baal und die anderen phönizischen Fürsten, die jetzt als Herrscher der verschiedenen Küstenstädte emporkommen, sie haben sich als die Stärkeren erwiesen – als die Gerissensten und Vorausschauendsten, Anpassungsfähigsten und Hochfahrendsten unter ihren Mitbürgern. Diese Eigenschaften haben sie nach oben gebracht. Sie haben zehn Generationen innerer Wirren überlebt. Jetzt verkörpern sie die Macht. Sie haben sie mühsam erworben und wissen mit ihr umzugehen. Sie werden sie fast ein Jahrtausend nicht mehr abgeben.

Dieses Relief einer vollgedeckten Trireme (auch Triere = Kriegsschiff mit drei übereinanderliegenden Ruderdecks) phönizischer Bauart befindet sich auf der Trajanssäule in Rom. Die Säule entstand 114 n. Chr., also über 250 Jahre nach der Zerstörung Karthagos. Dem Schiff fehlen die für römische Schiffe üblichen Ausleger. Dieses Relief bestätigt die Überlieferung, daß die Römer phönizische Schiffstypen nachgebaut haben.

2. Die Schiffe des Mittelmeerraums

Schiffsfossilien (im weitesten Sinne) sind, genau wie Menschenfossilien, extrem selten. Holz zerfällt ebenso leicht wie Knochen und braucht zu seiner Erhaltung besonders günstige Bedingungen: das stehende Wasser eines Sumpfes, in dem pflanzliches Material absinken kann, um Torf zu bilden; den toten Arm eines Hafens oder einer Bucht, vorzugsweise an der Mündung eines Flusses, dessen stetig mitgeführte Schlickmassen sich allmählich auf dem Hafengrund ablagern; einen Küstenabschnitt, an dem die Meeresströmung Sand anhäufen kann.

Schon seit langem ist das Mittelmeer ein beliebtes Ziel von Amateurtauchern. In jüngster Zeit hat dieser Sport durch die Entwicklung von Tauchgeräten ungeheuren Aufschwung bekommen. Infolgedessen sind gerade die am besten bekannten und am leichtesten zugänglichen Schiffswracks des Altertums durchwühlt und geplündert worden, so daß sie für archäologische Untersuchungen so gut wie wertlos sind. Natürlich gibt es für den Amateurtaucher nichts Aufregenderes als ein Depot überkrusteter Weinkrüge in einem Haufen halb im Meeressand vergrabener Holzplanken und keine größere Versuchung, als ein paar dieser Krüge und Balken loszustemmen und sie mit nach Hause zu nehmen.

Nichtsdestoweniger zerstört solche Räuberei einen weit kostbareren Schatz. Der Weinkrug, so schön und interessant er sein mag, das wurmzerfressene Schiffsholz, so viele romantische Vorstellungen es heraufbeschwören mag, sie behalten ihren wahren Wert nur im Zusammenhang mit den sie umgebenden Gegenständen und Schiffsteilen.

Das ist der Grund, weshalb die Meeresarchäologen, insbesondere die an der phönizischen Seefahrtsgeschichte interessierten, in solche Aufregung gerieten, als 1971 bei Baggerarbeiten im flachen Wasser vor Marsala an der Westküste Siziliens das eine Ende eines Schiffes zutage kam. Es besteht die große Wahrscheinlichkeit, daß es sich hier um ein karthagisches Schiff handelt. Zudem steht seine Untersuchung von Anfang an unter der Aufsicht und Leitung eines Teams von wissenschaftlich qualifizierten Unterwasserarchäologen.

Das Isola-Lunga-Schiff. Die Unterwasserarchäologen haben von der italienischen Regierung die Genehmigung zur Erforschung des Isola-Lunga-Schiffs erhalten – so genannt, weil es in der Nähe dieser Insel (im Westen Siziliens) liegt. Und obschon es Jahre dauern wird, bis das Team seine Funde vollständig auswerten kann, verspricht das bis jetzt bekannt gewordene

Material bereits neue Einsichten in Schiffsbau und Schiffsverwendung der spätphönizischen Zeit.

Es besteht die Möglichkeit, daß das aus dem 3. Jahrhundert v. Chr. stammende Isola-Lunga-Schiff ein Kriegsschiff ist – im Unterschied zu dem in Kapitel 1 beschriebenen Gelidonya-Wrack, das ein Handelsschiff war. Letzteres stammt aus dem Osten, vielleicht aus Byblos oder Tyros; es ist verhältnismäßig klein und gehört in die Zeit um 1200 v. Chr. Das Isola-Lunga-Schiff dagegen wurde in Westphönizien gebaut, ist etwa dreimal so groß und dürfte ungefähr ein Jahrtausend jünger sein.

Sowie das Isola-Lunga-Schiff von der daraufliegenden Sandschicht befreit ist, wird von jedem einzelnen Teil eine sorgfältige Planskizze angefertigt; jedes bekommt eine Nummer, wird nach oben gebracht und dann in einem Frischwasser-Behälter im Museum von Palermo aufbewahrt. Hier bleiben die Teile drei Jahre lang liegen, bis alle Salzspuren ausgewaschen sind. Anschließend sollen sie zur Konservierung mit einem chemischen Mittel behandelt werden. Danach erst wird man versuchen, die einzelnen Stücke zusammenzufügen, um sie später im Museum auszustellen.

Eine genaue Rekonstruktion antiker Schiffe ist fast unmöglich. Ein aus Holz gebautes Schiff, das sinkt, zerfällt infolge des allmählichen Fäulnisprozesses, der ständigen Wasserbewegungen und des Gewichts seiner Ladung bzw. seines Ballasts. Schließlich liegt es flach auf dem Meeresgrund, und seine ursprüngliche Form wie seine Abmessungen lassen sich nur schwer rekonstruieren. Der Grund dafür ist, daß bei der Vielzahl antiker Schiffswracks, die im Mittelmeer gefunden worden sind, bisher immer Vor- und Achtersteven fehlten. Warum, diese Frage ist bis heute nicht geklärt. Merkwürdig erscheint nur, daß bei dem Isola-Lunga-Schiff das Heckteil noch vorhanden ist, an dem teilweise noch die schützende Bleiverkleidung sitzt. Außerdem bestehen noch Reste der ursprünglichen Stoffpolsterung unter dem Blei und Kupferstifte, die im Holz stecken und das Ganze zusammenhalten. Man glaubt, daß es sich um das Heck handelt, muß aber abwarten, bis der Rest des Schiffes freigelegt ist. Als was sich das Teilstück auch herausstellt, es ist ein unschätzbarer Fund, denn seine Form müßte genügend Anhaltspunkte liefern, um das Maß der Rumpfwölbung zu bestimmen. Sowie man diese erst einmal kennt und sie zur Gesamtlänge des Rumpfes (in diesem Fall vermutlich 27,50 Meter) in Beziehung setzen kann, lassen sich einige recht exakte Mutmaßungen über die größte Schiffsbreite und die Querschnittwölbung anstellen. Sollte sich der Rumpf des Isola-Lunga-Schiffes als lang und schmal herausstellen, so sind die Unterwasserarchäologen sicher, daß es sich um ein Kriegsschiff handelt. Damit wäre bewiesen, daß das Schiff für schnelle Fahrt konstruiert wurde, und das heißt, für Antrieb durch zahlreiche Ruder.

Zusätzlich zu dem einen Kielende blieben bei dem Isola-Lunga-Schiff einige Teile der Decksaufbauten (wiederum zum erstenmal bei antiken

Das einzige bekannte Wrack eines mutmaßlich karthagischen Kriegsschiffes liegt bei Isola Lunga, im Westen Siziliens, in etwa 2,50 m Wassertiefe. Nachdem man den Sand um das Schiffswrack von Isola Lunga abgeräumt hat, liegen bereits ein Teil des Kiels, Spanten sowie Abschnitte der Beplankung frei. Die schwarzweißen Metallrohre auf dem Meeresboden bilden ein Rasternetz, in dem die genaue Lage der einzelnen Schiffsteile vor ihrer Bergung festgehalten wird.

Schiffen) sowie eine große Anzahl Spanten und Planken erhalten, die letzteren mit sauberer Nut- und Federfugung, die uns zeigt, wie die Beplankung zusammengehalten wurde. Man hofft, daß bei weiteren Entdeckungen noch einige weitere Decksteile der Beplankung und – im Idealfall – ein paar von den Ruderbänken zutage kommen werden. Falls man diese Einzelteile findet und in der richtigen Weise zusammenfügen kann, könnte die Lösung eines Rätsels gelingen, über das sich die Meeresarchäologen seit jeher den Kopf zerbrochen haben, nämlich: Wie wurden antike Kriegsschiffe mit mehr als einer Ruderbank gerudert? Wie war die Sitzordnung der Ruderer?

Das gewöhnliche Kriegsschiff des 3. vorchristlichen Jahrhunderts war die Trireme, der «Dreiruderer». Spätestens zu jener Zeit hatte jede Seemacht Triremen in ihrer Flotte. Bildliche Darstellungen von ihnen tauchen gelegentlich in Wandgemälden und Fresken auf. Sogar auf Tongefäßen und Tempelreliefs hat man sie gefunden.

Aber nirgends werden Einzelheiten über ihren inneren Aufbau wiedergegeben. Infolgedessen weiß niemand mit Sicherheit, wie jene drei Ruderbänke im Schiff angeordnet waren. Sollte es gelingen, auf Grund des Isola-Lunga-Wracks, Licht in das «Triremen-Problem» zu bringen, so wäre dies ein großer Fortschritt.

Vielleicht gelingt es auch, zweifelsfrei zu beweisen, daß das Schiff wirklich karthagischen und nicht römischen Ursprungs ist, wie manche Wissenschaftler vermuten. Das stärkste Argument scheint hier in der Entdeckung einer Reihe von offenbar auf das phönizische Alphabet zurückgehenden Zimmermannsmarken zu liegen, die hier und da auf das Spantenwerk des Schiffes gemalt sind. Die Zeichen fielen den Tauchern sofort auf. In der Zwischenzeit sind sie zwar verblaßt, doch wurden gleich bei der Entdeckung Kopien von ihnen angefertigt und untersucht. Bisher hat man mehr als hundert dieser Zimmermannsmarken entdeckt, in denen sich 10 der 22 Buchstaben des phönizischen Alphabets wiederfinden. Eigentlich ist damit die karthagische Herkunft des Schiffes eindeutig erwiesen. Einige Wissenschaftler sind sich dessen jedoch nicht so sicher, und sie bezweifeln auch, daß es sich um ein Kriegsschiff handelt. Ein Marinehistoriker weist darauf hin, daß Kriegsschiffe selten Ballast mitführten, weil sie das unnötig belastet hätte und aus Stabilitätsgründen auch nicht nötig sei bei Fahrzeugen, die schon von der Konstruktion her einen tiefliegenden Schwerpunkt haben. Außerdem sei die Bleiverkleidung für Frachtschiffe charakteristisch.

Archäologen glauben, daß die Marken auf eine Art Serienfabrikation hindeuten. Es ist bekannt, daß die Karthager oft große Flotten in sehr kurzer Zeit bauten, um auf politische Gefahren vorbereitet zu sein. Die schnellste und vernünftigste Methode, dies Ziel zu erreichen, wäre gewesen, Schiffe einer Standardgröße zu bauen und ein großes Vorratslager von vorfabrizierten Planken des Typs A und B sowie Spanten des Typs C usw. zu unterhalten.

Es lassen sich auch Vermutungen darüber anstellen, wo das Isola-Lunga-Schiff gebaut wurde. Hinweise hierauf geben die als Ballast gebrauchten Steine und das Staumaterial, das daruntergelegt wurde, um das Durchscheuern des hölzernen Rumpfbodens zu vermeiden. Nach den Untersuchungen, die ein Geologe vornimmt, scheint der Ballast aus Vulkangestein von Pantelleria, einer von den Karthagern beherrschten Insel bei Sizilien, zu bestehen. Das Staumaterial erweist sich als eine höchst interessante Mischung aus Holzspänen, Nußschalen und einer Unmenge Zweigen und Blättern von so verschiedenen Bäumen wie Eiche, Ahorn, Pistazie und Ölbaum – im ganzen wenigstens zehn Baumarten. Falls sich eine Gegend ausfindig machen läßt, wo alles dies im Überfluß wuchs und obendrein das entsprechende Gestein reichlich vorkommt, könnte man annehmen, daß das Isola-Lunga-Schiff dort gebaut und vom Stapel gelassen wurde.

Offenbar handelt es sich nämlich um ein funkelnagelneues Schiff, dessen Fugenabdichtung noch nicht ganz trocken war, als es zu Wasser gelassen wurde. Auch das Stauholz war noch frisch – grünes, eben gesammeltes Reisig. Wäre es ein älteres Schiff gewesen, so wären die Aussichten, seine Herkunft zu bestimmen, nicht annähernd so gut, denn das Stauholz wurde von Zeit zu Zeit erneuert, und es könnte somit nichts über den Herstellungsort des Schiffes aussagen.

Die Entwicklung des Schiffbaus. Wie kam es überhaupt zum Bau von Schiffen? Wie hat es der Mensch gelernt, sich in Fahrzeugen jedes nur vorstellbaren Typs auf das nasse Element zu wagen?

Das älteste bisher gefundene Boot datiert von ungefähr 6000 v. Chr.: Reste eines hölzernen Einbaums, geborgen aus einem Sumpf in Holland. Die älteste bekannte Darstellung eines Schiffes ist dagegen viel jünger. Sie stammt etwa aus dem Jahr 3400 v. Chr. und ist eine Zeichnung eines ziemlich komplizierten ägyptischen Flußbootes mit mehreren Rudern bzw. Paddeln an jeder Seite. Spätestens um 3000 v. Chr. tauchen Tonscherben von den ägäischen Inseln auf, auf denen Darstellungen eines langen, niedrigen Bootstyps mit vielen Rudern eingeritzt sind. Mit diesem durchaus leistungsfähigen Fahrzeug war es ohne Zweifel möglich, von Insel zu Insel zu fahren. Sowohl der in Holland gefundene Einbaum als auch die auf den mediterranen Bildern dargestellten Fahrzeuge sind offensichtlich Produkte einer langen Entwicklung aus primitiveren Formen.

Das einfachste Wasserfahrzeug ist der Baumstamm. Und von dieser Entdeckung ist es nur ein relativ kleiner Schritt zum Floß. Mehrere zusammengebundene Baumstämme schaffen eine stabilere, trockenere Plattform, auf der man sitzen kann, während man sich an einem Baumstamm mühsam festklammern muß.

Wiederum stellt ein ausgehöhlter Baumstamm – oder Einbaum – gegenüber einem Floß, technisch gesehen, eine bedeutende Verbesserung dar. Während letzteres auf dem Prinzip seiner offensichtlichen natürlichen Schwimmfähigkeit beruht («Es schwimmt! Es wird mich tragen!»), muß der Einbaum von der Hand des Menschen zu einem Trog geformt werden, der Wasser verdrängt und erst durch diese Verdrängung die Fähigkeit gewinnt, zu schwimmen und Lasten zu tragen. Er kann entweder ein Baumstamm sein, der so dünn und leicht ausgehöhlt ist, wie es eine primitive Technik zuläßt, oder eine wasserdichte Haut, die über ein Skelett aus gebogenen Ästen gespannt wird; das Prinzip ist in beiden Fällen das gleiche. Hinweise über die Entwicklung finden sich in Ägypten, wo sich dank des extrem

Gute bildliche Darstellungen phönizischer Schiffe sind sehr selten; diese hier, die zu einem assyrischen Wandrelief von etwa 700 v. Chr. gehört, ist eine der besten. Das abgebildete Kriegsschiff ist eine Bireme (d. h. ein von zwei Ruderer-Reihen angetriebenes Schiff) mit einem schildverkleideten Oberdeck bzw. Laufgang, auf dem Bogenschützen und Soldaten standen.

trockenen Klimas Grabmalereien, Papyri, Wandreliefs und sogar richtige Modelle der verschiedensten Schiffstypen in großer Zahl erhalten haben. Der Nil, Ägyptens Lebensspender, war zugleich seine Verkehrsader, und die ägyptischen Schiffe paßten sich in ihrer Entwicklung möglichst den Bedingungen des Stromes an. Als erste benutzten die Ägypter Flöße. Sie wurden in allen Größen aus dem gebündelten Schilfrohr der Papyrusstaude gebaut, da gutes Holz knapp war. Später, als Bedarf an größeren und haltbareren Fahrzeugen aufkam – besonders für den Transport von schwerem Bausteinmaterial auf dem Nil –, entwickelten die Ägypter richtige Schiffe, zum Teil von beachtlicher Größe, die fast immer aus einheimischem Akazienholz gebaut waren.

Nun ist Akazienholz kein besonders geeignetes Material. Es ist zwar hart genug, aber da die Bäume vorwiegend klein und verkrüppelt sind, lassen sich daraus nur kurze, schmale Bretter fertigen. Infolgedessen muß ein typisches ägyptisches Flußboot, gleich welcher Größe, einem schwimmenden Puzzle ziemlich ähnlich gesehen haben mit seiner Unzahl kleiner, sauber miteinander verfugten Planken – die Enden waren mit Dübeln verbunden, die Seiten durch stundenglasförmige Holzpflöcke zusammengehalten, etwa wie bei den uns vertrauten modernen Schwalbenschwanzkonstruktionen.

Diese Bauweise ist, bei allem Einfallsreichtum, äußerst umständlich und naturgemäß wenig robust – für ruhige Flußstrecken mag sie haltbar genug sein, für die Fahrt übers offene Meer eignet sie sich indessen nicht. Also mußten die Ägypter, als sie dazu übergingen, rauhere Gewässer zu erkunden, ihre Schiffe verstärken.

Eine Schwierigkeit, mit der sie zu kämpfen hatten, war die Eigenschaft des lang überhängenden Vor- oder Achterstevens, sich zu senken. Hochgehende Wellen auf offener See finden hier eine Angriffsfläche, und es kann sogar dazu kommen, daß der Schiffskiel bricht und das Boot sinkt. Man begegnete dieser Gefahr auf geschickte Weise, wie zahllose ägyptische Wandreliefs deutlich erkennen lassen. Ein starkes, vielsträngiges Tau wurde am Vor- und Achtersteven befestigt und mittschiffs über einige gabelförmige Stützen geführt, die gut mannshoch auf dem Deck emporragten. Durch Drehen einer zwischen die Taustränge gesteckten Stange konnte der Schiffsführer die Trosse straffen und Vor- und Achtersteven in der jeweils erforderlichen Spannung halten. Daneben trug diese Spanntrosse zur allgemeinen Festigkeit des Schiffskörpers bei.

Sicherlich hatten die an der Küste wohnenden Kanaanäer, zu denen die Ägypter bereits um 3000 v. Chr. kamen, um Schiffsholz zu kaufen, reichlich Gelegenheit, deren trossenverstärkte Schiffe zu studieren und alle die nützlichen Verbesserungen in der Rumpfkonstruktion oder Takelung festzustellen, die ihre Besucher erdacht hatten. Zwar fehlt jegliches Zeugnis dafür, daß die Kanaanäer zu diesem frühen Zeitpunkt von sich aus bereits seemännische Fähigkeiten entwickelt hatten, doch darf man dies bei ihrer Nähe zum Meer annehmen. In diesem Fall ist es höchst wahrscheinlich, daß sie nicht ägyptische Vorbilder nachahmten. Denn sie wurden noch mit einer anderen, besseren Schiffsbauweise bekannt.

Spätestens zu der Zeit, als die Ägypter in ihren aus kurzen Planken

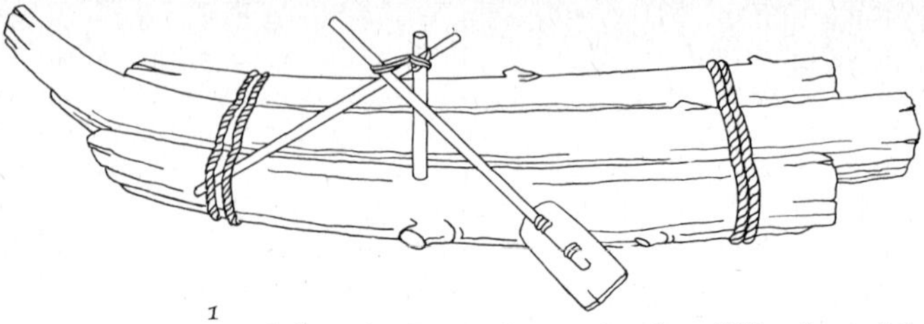

1
Ein Floß aus drei Baumstämmen ist schwerfällig, aber stabil.

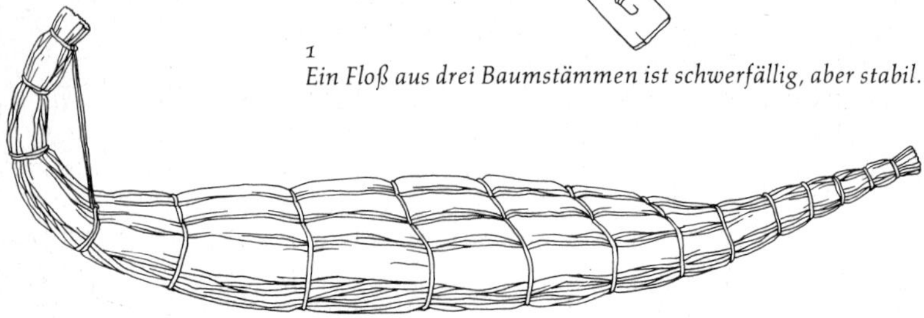

2
Das leichte Schilffloß ist rasch hergestellt.

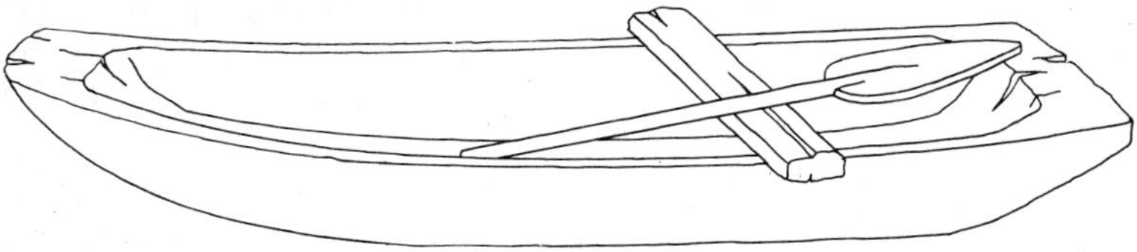

3
Der Einbaum ist zwar wasserdicht, aber schwer.

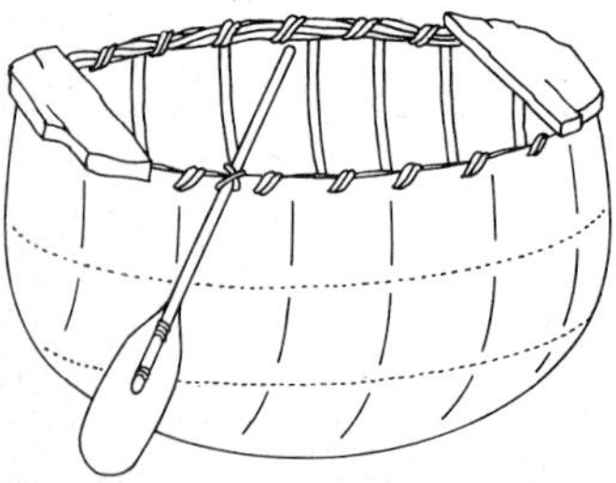

4
Die beste Lösung: das Coracle, ein Boot mit fellbespanntem Rahmenwerk.

Die früheste Form des Wasserfahrzeugs war der Baumstamm. Danach war das Zusammenbinden mehrerer Stämme zum Transport von Lasten eine ganz natürliche Entwicklung. Im Nildelta erreichte man den gleichen Zweck mit gebündelten Papyrusstauden. Der ausgehöhlte Einbaum, der Schutz und größeren Auftrieb bot, kam erst später. Irgendwann umspannte man schließlich ein hölzernes Rahmenwerk mit Häuten oder kleinen Planken, und das Boot war geboren.

zusammengestückten und mit Trossen verstärkten Schiffen nach Byblos hinauffuhren, kamen andere Völker – Minoer und mykenische Griechen – aus dem Nordwesten hierher auf langen, schmalen, besser gebauten Fahrzeugen, die im Prinzip große Einbäume waren mit hochgezogenen Seitenwänden zur Erhöhung der Ladefähigkeit. Bei diesem Schiffstyp verlief die Entwicklung so, daß man den Einbaum-Block – der ursprünglich das Boot selbst gebildet hatte – seiner Größe und Funktion nach zu einem langen, starken Kiel reduzierte, auf dem dann die Seitenwände aufgebaut wurden.

So lernten die Bürger einer Stadt wie Byblos schon sehr früh zwei grundsätzlich verschiedene Schiffsbaumethoden kennen. Die Ägypter bauten zunächst aus vielen kleinen Bordplanken eine Schale, in die sie dann Spanten und Decksbalken einfügten, möglicherweise auch auf dem Rumpfboden einen verstärkenden Längsbalken. In den nördlichen Mittelmeerländern dagegen legte man dieses stabilisierende Element – den Kiel – als erstes auf, und anschließend wurden daran die Planken befestigt. Diese zweite Konstruktionsmethode ist der ägyptischen weit überlegen und bis heute noch üblich. Voraussetzung war natürlich, daß große Baumstämme zur Verfügung standen, an denen es in Ägypten fehlte. Da die Küstenkanaanäer über erstklassiges Schiffsbauholz, wie es für die starken Kiele seetüchtiger Schiffe erforderlich ist, im Überfluß verfügten, ist es völlig logisch, daß sie der ägäischen Methode den Vorzug vor der ägyptischen gaben.

So logisch es sein mag, beim gegenwärtigen Stand unseres Wissens können wir keine absolute Gewißheit darüber haben. Das Erbe der frühen Ägäer ist weit dürftiger als das der Ägypter. Aus der Zeit um 3000 v. Chr. ist nichts erhalten außer jenen rätselhaften kleinen Ritzzeichnungen auf Tonscherben, und sie sind so primitiv ausgeführt, daß man über die dargestellten Schiffe nichts weiter sagen kann, als daß sie Ruder und außerordentlich hoch aufragende Schiffsschnäbel als Vorsteven oder Achtersteven hatten. Die Experten sind sich nicht völlig sicher, vermuten in ihnen aber Vorsteven, da sie als Fische gestaltete Galionsfiguren hatten, die in Fahrtrichtung weisen. Besser dokumentierte Fahrzeuge aus späterer Zeit trugen bald diese, bald jene figürlich geschnitzten Dinge am Bug: Vögel, Fische, allerlei Tierköpfe. Vielfach war am Bug beidseitig ein großes Auge aufgemalt.

Erst um 2000 v. Chr. tauchen Abbildungen von eindeutig als minoisch zu erkennenden Schiffen auf. Sie liegen dann in beträchtlicher Anzahl vor. Die Minoer leisteten Hervorragendes auf dem Gebiet der Keramik, und viele ihrer Tonkrüge und Vasen sind mit Schiffsdarstellungen geschmückt. Daneben schnitzten sie zahllose Privatsiegel. Sie dienten Einzelpersonen als «Signaturen» oder Eigentumszeichen und wurden in großem Umfang zur Signierung von Tontäfelchen benutzt.

Selten größer als zwei bis fünf Zentimeter, waren die minoischen Siegel äußerst fein aus sehr hartem Stein gearbeitet. Mit vielen kann man heute noch saubere Abdrücke machen. Soweit sie Schiffe darstellen, zeigen sie ein

Fahrzeug von einem ganz bestimmten Typus. Es hatte einen merklich gewölbten Rumpf und achtern der besseren Seetüchtigkeit wegen hochgezogene Steven. Mittschiffs hatte es einen Mast und Trossen aus irgendeinem nicht näher bekannten Material zum Aufziehen und Brassen des Segels. Dieser im Prinzip unverändert bleibende Schiffstyp sollte sich in den folgenden Jahrhunderten im gesamten Mittelmeerraum durchsetzen. Für die ersten seefahrenden phönizischen Kaufleute bot es sich an, dieses Modell nachzubauen. Die früheste bekannte Darstellung eines phönizischen Schiffes, ein Wandrelief von etwa 700 v. Chr., das in einem assyrischen Palast gefunden wurde, zeigt eine unübersehbare Ähnlichkeit mit den – annähernd tausend Jahre älteren – minoischen Abbildungen.

Das Ergebnis dieser lückenhaften Beweiskette ist: Der wahrscheinlichste Prototyp des phönizischen Schiffes war ein Fahrzeug mit bauchig gewölbtem Rumpf und einem starken Kiel, abgeleitet von ägäischen Vorbildern. Spätestens um 2000 v. Chr., vielleicht sogar schon früher, benutzten es die Vorfahren der Phönizier im Libanon für die lokale Küstenschiffahrt. Mit Sicherheit war es um 1500 v. Chr. allgemein in Gebrauch. Angetrieben wurde es durch Segel oder Ruder oder durch beides zusammen – Lastschiffe hauptsächlich durch Segel, Kriegsschiffe durch Ruder.

Die Entwicklung von Ruder und Segel. Der Vorgänger des Ruders war sicherlich das Paddel; vermutlich ist es so alt wie die Schiffe selbst. Die ersten Menschen, die aus Baumstämmen Flöße bauten, um Seen oder Flüsse zu überqueren, machten zweifellos ziemlich schnell die Erfahrung, daß sie sie mit breiten, abgeflachten Stangen besser vorwärtstreiben konnten als mit den bloßen Händen. Sehr früh schon benutzten die Ägypter zweckmäßig geformte Paddel mit breitem Blatt, wie aus Wandbildern und Modellen hervorgeht.

Die Entwicklung vom Paddel zum Ruder war dann ein bedeutsamer Fortschritt. Das Ruder leistet weitaus mehr als ein Paddel, weil der Ruderer sich einer Auflage – es kann eine Riemendolle, eine Trossenschlaufe, ein Ruderpflock oder einfach ein Loch in der Bordwand sein – als fester Stütze bedient, gegen die er sich mit ganzer Kraft anstemmen kann, indem er das Ruder am oberen Ende führt, während das untere Ende das Wasser durchzieht. Der Ruderer braucht nicht, wie der Paddler, bei jedem Schlag das Ruder mit seinem ganzen Gewicht hochzuheben, da es von der Bordwand gehalten wird. So kann ein Ruder viel länger und schwerer sein als ein Paddel – woraus sich viele Vorteile ergeben. Der wichtigste ist, daß in einem größeren Schiff ein Ruder von einem höher über dem Wasser gelegenen Punkt aus bedient werden kann. Aus dieser Position brauchte ein Paddler, bloß um das Wasser zu erreichen, ein so langes, schweres Gerät, daß er allein von dem Kraftaufwand, es für jeden Schlag neu hochzuheben, sehr bald völlig erschöpft wäre. Paddel sind nur in langen, schnellen Fahrzeugen

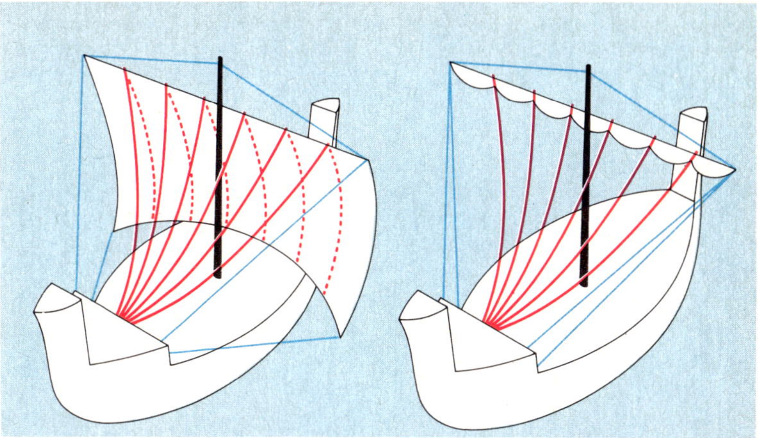

Das quadratische Hauptsegel der frühen Handelsschiffe hing mitschiffs an einer waagerechten Querstange, der Rah, die ihrerseits am Mast befestigt war. Aufgrund ihres Gewichts konnte sie nur unter Mühen niedergeholt werden. Daher ersann man ein Verfahren, das Segel mit Geitauen zur Rah hinaufzuziehen.

sinnvoll, in denen man, wie in Kanus, dicht am Wasser und an der Bootswand sitzt. In allen größeren und breiteren Booten sind Ruder besser geeignet.

Zudem können nicht zwei Mann zugleich ein Paddel bedienen, wohl aber können sie, nebeneinander auf einer Bank sitzend, gleichzeitig an einem Ruder ziehen, und zwar von einem Platz aus, der sich ein ganzes Stück von der Reling weg zur Schiffsmitte hin befindet. Hieraus ergeben sich bedeutende Möglichkeiten für die Verwendung von Rudern in Kriegsschiffen.

Zum Bild auf den beiden folgenden Seiten:
Das Gemälde der Schlacht von Salamis auf S. 7 stammt von Fred Freeman. Freeman machte zuerst einige Skizzen von Rudern und deren unterschiedlichen Proportionen (oben links) und versuchte dann, drei Ruderbänke in einem Schiff ohne Ausleger unterzubringen (1, 2, 3, 4); dabei bedachte er, daß um 500 bis 300 v. Chr. die phönizischen Triremen nach Ansicht vieler Fachgelehrter in ganzer Länge mit einem Deck versehen waren. Die Annahme von Rudern verschiedener Länge schien eine Lösung anzubieten, warf aber ein anderes Problem auf: die Ruderer an den kürzeren Riemen können in viel rascherem Takt rudern als diejenigen an den längeren. Skizze 5 zeigt ein phönizisches Schiff von vorn, darunter eine Heckansicht. Skizze 6 veranschaulicht die Seitenansicht eines Schiffes; Skizze 7 den Blick aus der Vogelschau. Die Seitenansicht verdeutlicht, daß die senkrechten Pfosten zwischen den Ruderern der obersten Reihe so angeordnet sind, daß diese ihren Ruderschlag nicht voll ausführen können. In späteren Skizzen mußte Freeman dies entsprechend neu berechnen und ändern.

1

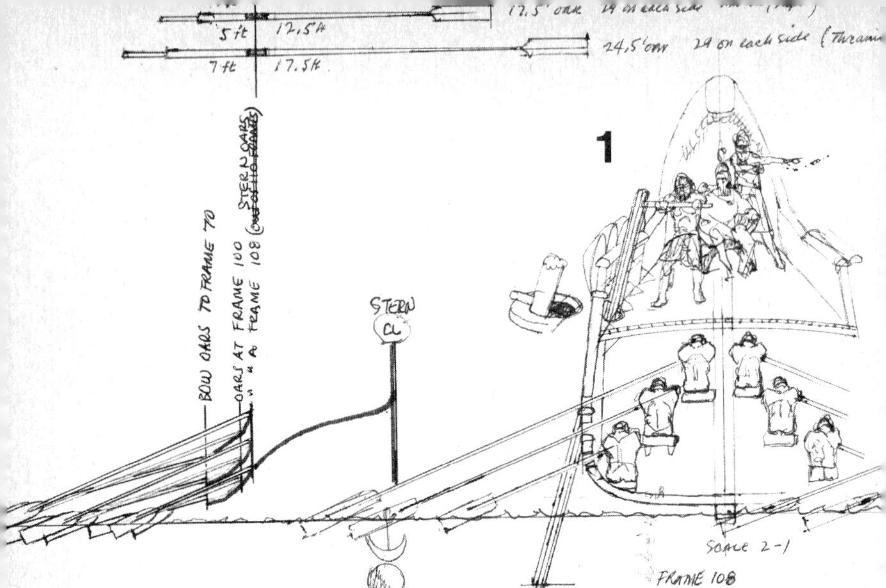
12.5' oar 24 on each side
5 ft
12.5 ft
24.5' oar 24 on each side
7 ft
17.5 ft
BOW OARS 70 TO FRAME 70
OARS AT FRAME 100
" " A FRAME 108
STERN OARS
STERN
CL
SCALE 2-1
FRAME 108

5

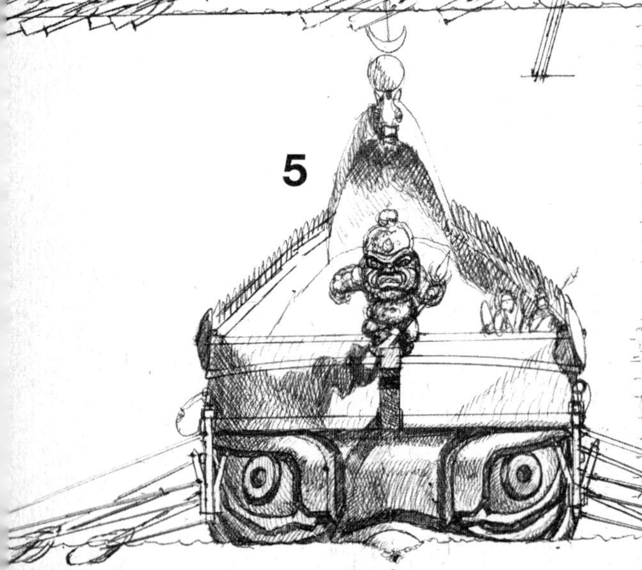

SCALE 2-1

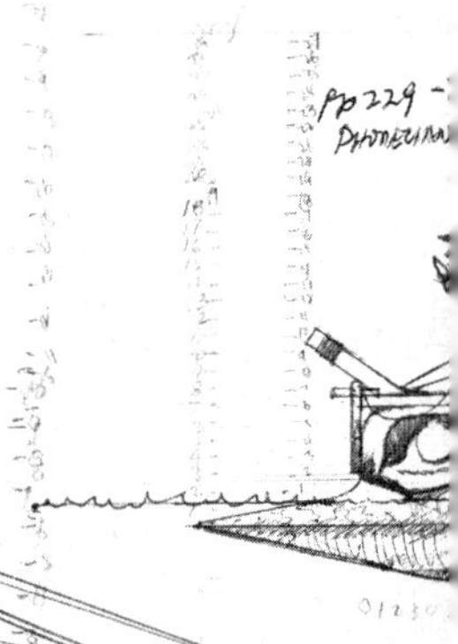
pp 229 -

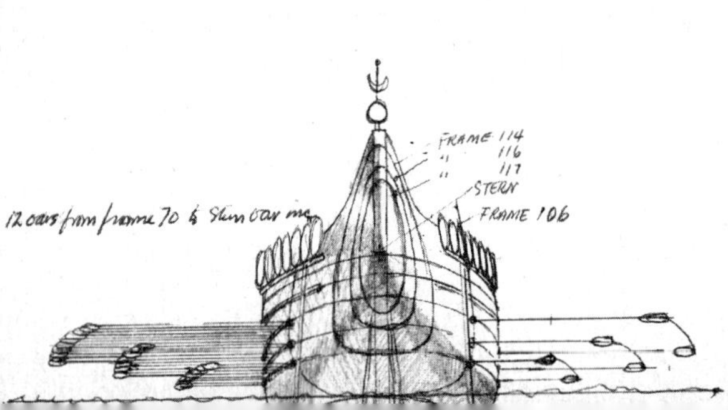
FRAME 114
" 116
" 117
STERN
FRAME 106
12 oars from frame 70 & Stern oar

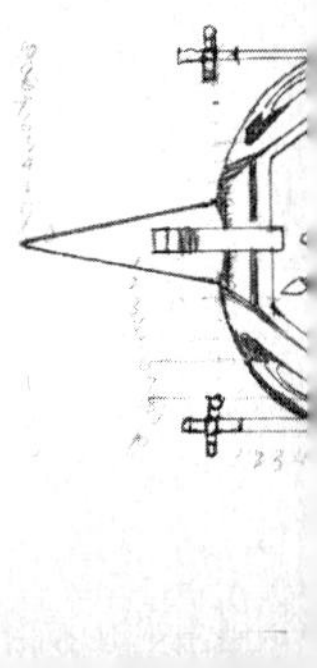

2

3

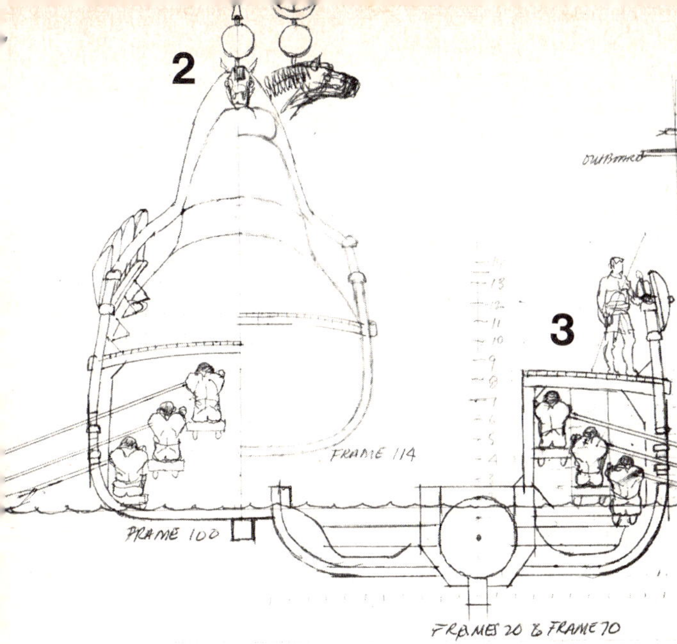
FRAME 114
FRAME 100
FRAMES 20 & FRAME 70

4

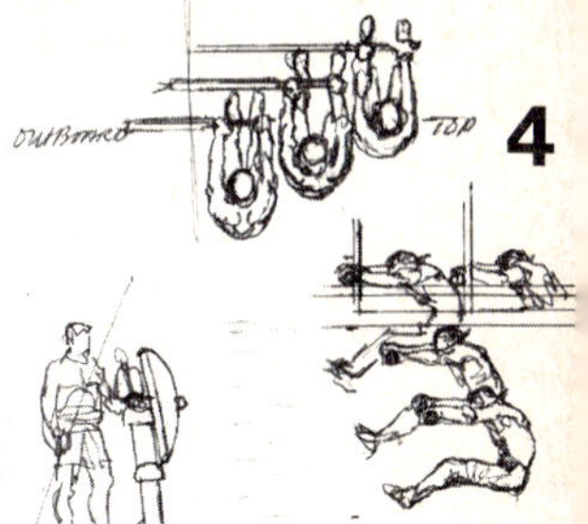
OUTBOARD
TOP

6

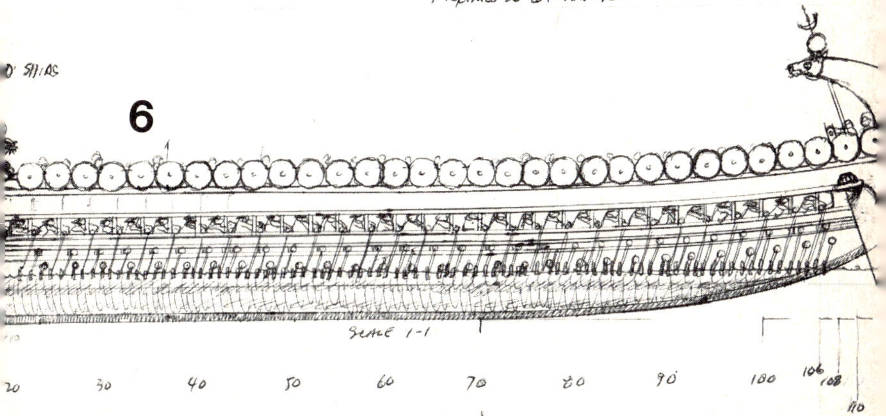
SCALE 1-1
20
30
40
50
60
70
80
90
100
106
108
110
FRAME 70
17 OARS FROM THE BOW OAR

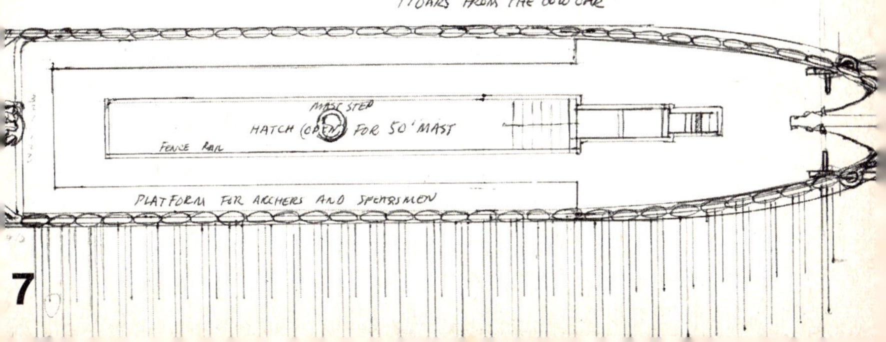
MAST STEP
HATCH (OPEN) FOR 50' MAST
FENCE RAIL
PLATFORM FOR ARCHERS AND SPEARSMEN

7

Die Ägypter verwendeten Paddel seit undenklicher Zeit für ihre Papyrusflöße und kleinen Flußboote. Spätestens um 3000 v. Chr. waren sie bei größeren Schiffen zu Rudern übergegangen. Zur gleichen Zeit wurden aber auch schon die Schiffe der Ägäer von Rudern angetrieben. Entweder lernte es einer vom andern, oder beide Völker kamen unabhängig voneinander auf diese Verbesserung. Wie die Entwicklung auch verlief, das Ruder war als ein technisch überlegenes Antriebsmittel für seetüchtige Schiffe allgemein bekannt, als die Vorfahren der Phönizier sich erstmals auf das Meer hinauswagten.

Mit der Erfindung des Segels erschloß sich dem Menschen eine Energiequelle, die an Stärke und Ausdauer seiner eigenen Muskelkraft weit überlegen war.

Um den Wind als Antriebsmittel zu nutzen, mußte ein Stück Tuch oder eine geflochtene Matte so aufgehängt werden, daß der Wind sich darin fangen konnte, und das Schiff wurde vorwärts getrieben. Man benötigte eine Stange (den Mast), um das Segel zu tragen, und einen Querbalken (die Spier oder Rah), um es gespannt zu halten, so daß es sich mit Wind füllen konnte. Zuerst konstruierten die Menschen daher ein quadratisches Einzelsegel. Der Mast des Bootes befand sich vorne am Bug. Dies beweist eine ägyptische Darstellung aus dem Jahr 2900 v. Chr. Der Grund für diese Konstruktion liegt wahrscheinlich darin, daß bei dieser Mastposition der Geradeauskurs am besten gehalten werden kann.

Man kann sich gut vorstellen, daß die Ägypter die ersten überhaupt waren, die Segel benutzten. Sie waren außerordentlich erfinderisch, und die besonderen Bedingungen auf dem Nil legten es sicherlich nahe, diesen Weg einzuschlagen: Das Niltal verläuft in nordsüdlicher Richtung, die Strömung geht stetig nach Norden, und genauso stetig bläst der Wind in südlicher Richtung. Das bedeutete, daß ein mit einem Segel ausgerüstetes Boot nilaufwärts gegen die Strömung getrieben werden konnte, ohne daß man mehr tun mußte als steuern. Bei der Rückfahrt stromab konnte der Schiffer das Segel einholen und sich von der Strömung treiben lassen. Ruder ließen sich zusätzlich benutzen, um entweder schneller voranzukommen oder besser steuern zu können.

Die Masten waren in frühägyptischer Zeit hoch und oft «zweibeinig», d. h. an beiden Bordwänden befand sich ein Mast, der sich oben mit dem anderen vereinigte. Der Grund für diese Konstruktion scheint gewesen zu sein, daß Papyrus-Flöße zu schwach waren, um das volle Gewicht eines Einzelmastes an nur einer Stelle in der Mitte des Fahrzeuges zu tragen; ein zweibeiniger Mast verteilte das Gewicht besser.

Die Schiffahrt auf dem offenen Meer. Die Schiffahrt auf dem Nil war wesentlich ungefährlicher als die auf dem offenen Meer. Auf See herrschen oft extrem rauhe Verhältnisse. Die Strömungen sind veränderlich, oft hängen sie von der Windrichtung ab. Die Winde selbst wechseln mit den Jahreszeiten, ja sogar täglich und stündlich; manchmal herrscht absolute Flaute. Diese klimatischen Bedingungen führten zur Entwicklung jener praktischen kleinen Fahrzeuge, die auf den minoischen Siegeln abgebildet sind. Diese scheinen die Vorläufer des phönizischen Handelsschiffes zu sein. In ihrer von den ägyptischen Schiffen abweichenden Konstruktion spiegeln sich die andersartigen Bedingungen wider, unter denen sie eingesetzt wurden.

Das phönizische Handelsschiff war vermutlich zwischen 9 und 24 Meter lang. Wenn es auch Ruder hatte, um das Ein- und Auslaufen an überfüllten Ankerplätzen zu erleichtern und in Flauten und bei Gegenwind Fahrt machen zu können, war sein Hauptantriebsmittel doch ein Segel, dessen Konzeption einen deutlichen Fortschritt gegenüber der hohen und schmalen Form des altägyptischen Segels darstellte. Der Mast bei dem phönizischen Schiff war kurz und saß wahrscheinlich in einer Mastspur oder einer Vertiefung auf dem Schiffsboden. Da der Rumpf durch den als Kiel dienenden schweren Längsbalken verstärkt war, bestand kaum die Gefahr, daß der in der Mastspur ruhende Mastfuß den Schiffsboden durchbrach. Ein kurzer Mast ließ zudem ein stabiles Verhalten des Rumpfes bei Windböen und Stürmen erwarten und verminderte die Spannungen in der Takelage.

Aber auch ein kurzer Mast kann Probleme aufwerfen, wenn er nicht fest in der Mastspur sitzt und durch Stage (Seile zum Stützen von Masten) hochgehalten wird. Dadurch wird das Umlegen des Mastes zu einer schwierigen Angelegenheit. Dieses Manöver ließ sich auf antiken Schiffen, besonders auf Kriegsschiffen, zwar durchführen, aber es scheint, daß man es auf Handelsschiffen nach Möglichkeit vermied – was nun wiederum die Phönizier mit dem Problem konfrontierte, wie man das Segel reffen konnte. Es einfach niederzuholen war nicht möglich. Die hölzerne Spier oder die Rah, an der es hing, war schwer, und unter viel Mühe war sie am Mast emporgezogen worden. Da die Taljen zum Aufwinden von Seilen im Altertum unbekannt waren, hätte häufiges Aufziehen und Niederholen der schweren Rah innerhalb kürzester Zeit die qualitativ schlechten Falleinen ruiniert. Wie aber konnte man ein rechteckiges Segel reffen, ohne es niederzuholen?

Die Phönizier, oder vielleicht schon vor ihnen die Griechen oder Minoer, lösten das Problem auf eine sehr geschickte Weise. Sie brachten an der Unterkante des Segels sogenannte Geitaue an und ließen sie vertikal an der Vorderseite des Segels aufwärts laufen, wobei sie sie in Abständen am Segeltuch befestigten. Dann führten sie sie über die obere Kante des Segels und wieder auf das Deck zurück. Ein Teil der Schiffsmannschaft konnte nun von Deck aus durch Ziehen an den Geitauen das Segel wie eine Jalousie einholen und als lose gefaltetes Bündel an der Unterkante der Rah befestigen.

Bei einem Flußboot auf dem Nil, das mit achterlichem Wind nur immer stromauf segelte, konnte der Mast ruhig weit vorne sein, ein seetüchtiges phönizisches Schiff, das unter verschiedensten Windverhältnissen bald diesen, bald jenen Kurs laufen sollte, mußte eine größere Anpassungsfähigkeit besitzen. So bestand eine weitere Verbesserung darin, daß der Mast seinen Platz mittschiffs erhielt, und mit Hilfe von «Brassen», die von den äußeren Enden bis aufs Deck hinabreichten, war es möglich, die Rah so zu drehen, daß das Segel aus der Querstellung zum Schiffskurs beinahe in die Parallelstellung gebracht werden konnte. Diese Neuerung gestattete dem Schiff, sich auch seitlich wehende Winde zunutze zu machen, anstatt auf direkten achterlichen Wind warten zu müssen.

Da die phönizische Seefahrt auf dem Mittelmeer sich großenteils in Ost-West-Richtung abspielte, bedeutete dies, daß die dort häufig wehenden nördlichen und südlichen Winde – bisher ein Teil des Jahres ungenützt – jetzt faktisch das ganze Jahr hindurch genutzt werden konnten. Als die Seefahrer allmählich mit den Windverhältnissen in ihrem großen Binnenmeer immer vertrauter wurden, machten sie je nach der Jahreszeit von ihnen Gebrauch, indem sie sich auf der Fahrt nach Westen nahe der einen Küste hielten, um die dort wehenden günstigen Winde auszunutzen, im Sommer dagegen einem anderen Kurs und anderen Winden folgten. An der nordafrikanischen Küste z. B. wehen von Mai bis Oktober vorwiegend östliche, von Oktober bis Mai westliche Winde.

Kein phönizisches Schiff konnte jedoch «anluven», d. h. unter einem Winkel von mehr als 90 Grad gegen den Wind segeln, unter ständigem Kreuzen jedesmal ein wenig Fahrt gewinnen und so allmählich gegen den Wind vorankommen. Führte sein Kurs direkt gegen den Wind, so mußte gerefft werden, man mußte warten oder rudern.

Die «Arbeitspferde» des Mittelmeeres. Das phönizische Handelsschiff war relativ einfach zu steuern, wenn auch das richtige Steuerruder am Achtersteven in der Mittellinie des Schiffes angebracht – erst ein paar Jahrtausende später erfunden werden sollte. Alle Segelschiffe des Altertums wurden mit zwei Steuerrudern gelenkt, die in der Nähe des Hecks auf beiden Seiten an der Reling befestigt waren.

Welcher Art die Lebensbedingungen an Bord eines phönizischen Handelsschiffes waren, ist unbekannt. Es existieren – außer für einige ägyptische Nilschiffe, die einen eigenen Typ darstellen – keinerlei Zeichnungen, Modelle oder Reliefs, die das Innere eines antiken Schiffes zeigen. Es ist also unklar, wie groß eine Schiffsmannschaft war, ob der einzelne mehrere Funktionen zugleich versah: Segelbediener, Bootsmann, Takler und Stauer beim Beladen und Entladen, wenn das Schiff an Handelsorten festmachte.

Irgendwo auf dem Schiff mag es – durch eine Sandschicht isoliert – eine Plattform gegeben haben, auf der man ein Feuer zum Kochen machen konnte. Im übrigen fehlte vermutlich jeder Komfort an Bord, denn die

Kaufleute jener Zeit zogen es vor, nur bei Tage zu segeln. Am Abend ankerten sie und gingen an Land.

Regnete es, kehrten sie wahrscheinlich wieder an Bord zurück und streckten sich auf den Ruderbänken unter Deck aus oder suchten sich ein bequemes Plätzchen in der Ladung. Man darf annehmen, daß die Schiffe mit einem Deck versehen waren und daß man durch Luken nach unten gelangen konnte. Das Deck bot mancherlei Vorteile: Es verstärkt den Rumpf und bewahrte die Ladung vor Schäden durch Regen oder Salzwasser; es schützte gegen plötzliches Vollschlagen durch Sturzseen und bot zusätzliche Ladefläche für lebende oder tote Fracht, der Feuchtigkeit und Nässe nicht schaden.

Soviel über die phönizischen Handelsschiffe, die unauffälligen, aber ausdauernden «Arbeitspferde» des Mittelmeeres, die überall auftauchten, wo es Geschäfte zu machen gab – wuchtig, bauchig, dauerhaft, leistungsfähig und im Hafenjargon überall, wo sie Anker warfen, bekannt als die «Kähne».

Vom Handelsschiff zum Kriegsschiff. In Kriegen dienten Schiffe zunächst einmal dazu, um Heere zu transportieren und Nachschub heranzuschaffen. Da der Seekrieg sich noch nicht zu einer eigenen Kriegsform entwickelt hatte, gab es dafür auch keinen besonderen Schiffstyp.

Dann erkannten Taktiker, daß es leichter war, feindliche Truppen zu vernichten, indem man ihre Schiffe auf See versenkte, als sie an Land einzeln im Kampf von Mann gegen Mann zu töten. Irgendwann kam es so zur Konstruktion eines Schiffstyps, der speziell für den Kampf mit anderen Schiffen bestimmt war.

Das Kriegsschiff mußte schnell, wendig und imstande sein, eine große Anzahl Soldaten aufzunehmen. Es mußte ihnen ausreichend Platz bieten, sich aufzustellen und ihre Pfeile abzuschießen, ihre Spieße zu gebrauchen oder jederzeit im Nu über die Reling zu springen und an Land zu waten, wenn der Kampf sich dort abspielte. Wenn er auf See stattfand, mußte die Möglichkeit gegeben sein, sich den Weg an Bord des feindlichen Schiffes zu erzwingen und den Gegner auf seinen eigenen Planken in den Kampf zu verwickeln.

Das Fahrzeug, das diesen Anforderungen gemäß gebaut wurde, war lang, schmal, niedrig und wurde durch Ruder angetrieben. Es hatte zwar ein Segel, aber man setzte es nur für die Fahrt von einem Kriegsschauplatz zum andern, niemals während des Kampfes. Auf den Wind war zu wenig Verlaß, und im Sommer herrschte manchmal völlige Flaute. Kluge Schiffskommandanten ließen deshalb vor größeren Seeschlachten Mast und Segel an Land, um das Deck für den Kampf frei zu halten. Infolgedessen wurden die meisten großen Seeschlachten des Altertums dicht unter Land ausgetragen, manchmal in engen Buchten oder Hafeneinfahrten, bisweilen nur etwa einen oder zwei Kilometer von der Küste entfernt.

Die Kriegsgaleere. Oft fanden die Kämpfe vor den Augen derjenigen statt, deren Leben von ihrem Ausgang abhing. Griechen und Perser standen in Scharen auf einander gegenüberliegenden Felsklippen und Landzungen rund um die Meerenge von Salamis, um zuzusehen, wie eine griechische Flotte auf eine zahlenmäßig überlegene persische traf und sie vernichtete. Unter den Persern befand sich ihr König Xerxes. Er saß auf einem Thron, der extra zu diesem Zweck tausend Meilen weit von Persepolis herbeigeschafft worden war. Am tapfersten kämpfte auf der Seite der Perser ein Geschwader angeworbener phönizischer Schiffe. Als sie schließlich zusammen mit den andern geschlagen wurden und die persischen Hoffnungen auf eine Eroberung Griechenlands mit den Trümmern von Xerxes' Flotte auf den Meeresgrund sanken, ließ der König die phönizischen Schiffskommandanten zu sich rufen und der Überlieferung nach hinrichten.

Die Schlacht bei Salamis fand 480 v. Chr. statt, und spätestens damals hatten sich sowohl die griechischen als auch die phönizischen Kriegsgaleeren zu hochspezialisierten und einander erstaunlich ähnlichen Kriegsmaschinen ausgebildet, als Ergebnis einer fast 2000jährigen Entwicklung. Eine Kriegsgaleere ist im Prinzip ein langes Ruderboot: lang, damit eine große Mannschaft von Ruderern in ihm Platz findet, um es rasch voranzutreiben; schmal, um ihm ein möglichst geringes Gewicht zu geben, und auch, damit es glatt und leicht das Wasser durchschneidet. Bei der geringen Breite dieses Schiffstyps war es jedoch notwendig, die Riemendollen (das Auflager für das Ruder) auf einem Ausleger zu befestigen, um eine vernünftige Ruderlänge zu erhalten und um die Hebelwirkung günstig ausnutzen zu können. Heute ist diese Konstruktion ein wichtiger Bestandteil des modernen Rennruderbootes.

Einem Rekonstruktionsversuch zufolge waren die ersten Ruderschiffe in der Ägäis, die sich bis etwa 3000 v. Chr. zurückverfolgen lassen, große, aus einzelnen Baumstämmen ausgehöhlte Kanus, mit langen, schräg von jeder Bordkante abgehenden Auslegern. Auf ihnen ruhten die Riemen, vielleicht ein Dutzend auf jeder Seite, wodurch die Ruderer über reichliche Hebelkraft verfügten. Rechnet man kleine Aufbauten oder Decks auf dem Vor- und Achterschiff, um Krieger und Steuerleute aufzunehmen, hinzu, so kommt man bei dieser Deutung auf einen Rumpf von ungefähr 20 Meter Länge und – die Ausleger nicht mitgerechnet – 1,20 Meter Breite: ein Schiff, leicht und schlank genug, um von seinen zwei Dutzend Ruderern mit ziemlicher Geschwindigkeit vorangetrieben zu werden.

Ein größeres und stärkeres Ruderschiff mit etwa 50 Ruderern hätte ein 24rudriges Schiff überrennen können, wenn es ihm gelang, es in einiger Entfernung von der Küste abzufangen. Darin aber lag die Schwierigkeit. Ein 50rudriges Schiff wäre notwendigerweise nahezu doppelt so lang gewesen und infolgedessen durch einen größeren Wendekreis behindert. Ein beweglicherer Gegner, stets in der Lage, engere Drehmanöver zu machen, hätte

In der phönizischen Stadt Sidon ging man zur Münzprägung erst kurz vor 400 v. Chr. über, und auch dann nur unter dem Einfluß der Perser, die schon seit geraumer Zeit eigene Münzen verwendeten. Der sidonische Halbschekel zeigt eine Kriegsgaleere mit Schilden an den Bordwänden und hohem Hintersteven vor einer ummauerten Stadt – vermutlich Sidon. Die Rückseite trägt das Kopfbild des persischen Großkönigs und bezeugt damit die damals engen Bande zwischen Persien und Sidon. Sidon war Persiens wichtigste Flottenbasis.

sich wahrscheinlich beinahe unbegrenzt lange in Distanz von einem großen Schiff halten und dabei die Ruderer des verfolgenden schweren Fahrzeugs völlig erschöpfen können. Im tatsächlichen Kampfgeschehen kam es natürlich selten zu einem so glatten Remis.

Strategien des Seekriegs. Seeschlachten fanden oft an Orten statt, wo die Manövriermöglichkeiten gering waren, und fast immer waren Flottenverbände von beachtlicher Stärke in die Kampfhandlungen verstrickt: Dutzende, ja Hunderte von Schiffen auf jeder Seite. Eine Flotte von Bord an Bord herankommenden großen Kriegsschiffen vermochte kleinere einzukreisen, falls diese nicht selbst große Schiffe zu ihrem Schutz hatten. Die Schlacht war, trotz der relativ simplen Konstruktion der antiken Schiffe, keine einfache Angelegenheit. Um als Sieger aus dem Kampf hervorzugehen, mußte eine Flotte über Schiffe der verschiedensten Typen verfügen. Die einzelnen

Manöver und die Strategie waren den heutigen ähnlich und nicht weniger kompliziert.

Die bessere Flotte war diejenige, welche die besseren Ruderer hatte. Das war so simpel, wie es klingt; und hier liegt auch der Grund, weshalb man für Kriegsschiffe nie Sklaven heranzog: Man konnte ihnen nicht trauen. Ein Kriegsschiff brauchte hervorragend ausgebildete, patriotische Bürger, die bereit waren zu rudern, was die Lungen hergaben. Wenn die Geschicklichkeit der Rudermannschaft ein Schiff schneller und wendiger machte als das des Feindes, so war dessen Schicksal besiegelt.

Früher oder später mußte das schnelle Schiff das langsamere in eine Position manövrieren, in der dieses einem Rammstoß, sei es in die Breitseite oder in das Heck, mit dem scharfen Sporn, den jedes Kriegsschiff am Bug gerade unterhalb der Wasserlinie trug, nicht entgehen konnte.

Nach Ansicht einiger Wissenschaftler ist die Entwicklung des Rammsporns auf die Phönizier zurückzuführen. Es scheint, daß er um 1000 v. Chr. erfunden wurde, gerade zu der Zeit, als die Häfen der Levante als selbständige Handelsmächte auftraten und sich Kriegsflotten zulegten. Und selbst wenn es nicht die Phönizier waren, die den Rammsporn erfanden, so haben sie ihn doch rasch übernommen; denn er stellte eine umwälzende Neuerung dar, welche die Seestrategie für Jahrhunderte bestimmen sollte. Ein gutgeführter Stoß und anschließend ein geschicktes Absetzmanöver durch die Ruderer des Rammschiffes – das mußte das getroffene Schiff, mit einem Riesenleck in der Seite, in einer hilflosen Situation zurücklassen. Das Angreiferschiff konnte dann den Kampfplatz verlassen, um sich ein anderes gegnerisches Schiff aufs Korn zu nehmen, oder auch in geringer Entfernung liegenbleiben, während seine Bogenschützen die mit den Wellen kämpfenden feindlichen Soldaten und Ruderer systematisch abschossen.

Der Zweiruderer oder «Bireme». Da es so entscheidend auf Schnelligkeit ankam und sie auf Rudergaleeren nur mit menschlicher Muskelkraft zu erreichen war, wurden die antiken Kriegsschiffe allmählich immer größer, um die Ruderkraft zu erhöhen. Das Größenwachstum bringt jedoch einen Nachteil mit sich. Langgestreckte, schmale Schiffe sind langsam im Wenden und bei allzu großer Länge und Schmalheit in der Rumpfmitte gefährlich verletzbar. Die Schwierigkeit lag also darin, mehr Ruderer auf einem relativ kurzen Schiff unterzubringen. Man hätte mehrere Männer an dasselbe Ruder setzen und dieses entsprechend vergrößern können. Aber dazu hätte das Schiff breiter gebaut werden müssen und wäre massiger und schwerfälliger geworden. Da das Ruder unter einem bestimmten Winkel in das Schiff hineinragte, würde es sich mit seinem inneren Ende höher über der Ruderbank befinden und der am weitesten zur Schiffsmitte hin sitzende Ruderer müßte bei jedem Ruderschlag aufstehen und sich anschließend wieder hinsetzen. Dies war also keine Lösung, da der Ruderer durch die anstrengende

Tätigkeit bald erschöpft sein würde. Besser wäre es, zwei übereinander angeordnete Ruderbänke zu konstruieren.

Ob die Phönizier an der Entwicklung des Zweiruderers, der Bireme, beteiligt waren, ist nicht geklärt, da er zur selben Zeit auf einem assyrischen Wandrelief und auf griechischen Vasenmalereien auftaucht. Wie schon beim Rammsporn, so handelte es sich auch hier um eine verblüffende Erfindung und, wie bei allen wahrhaft originellen Ideen, um eine sehr einfache obendrein.

Es ist jedoch unbekannt, wie und wann jene obere Ruderreihe ein fester Bestandteil der Kriegsgaleeren wurde und aus ihnen Biremen machte. Manche griechischen Vasenmalereien aus jener Zeit zeigen zwei Reihen von Ruderern im Einsatz, andere nur eine. Allerdings ist es in letzterem Falle oft die obere Reihe, die das Rudern besorgt. Leere Bordwandöffnungen für die unteren Riemen und Ruderpflöcke zu ihrer Befestigung sind sorgfältig eingezeichnet. Experten schließen daraus, daß beim Kreuzen die untere Ruderreihe wahrscheinlich unbesetzt blieb. Diese lag sehr dicht am Wasser, und bei hohem Wellengang muß es eine rechte Knochenarbeit gewesen sein, das Ruder nach dem Schlag klarzumachen, zumal in einem engen Rumpf, der abscheulich schlingerte und sich bald auf die eine, bald auf die andere Seite legte. «Krebsefangen» (d. h. das Ruder nicht so rechtzeitig aus dem Wasser zu ziehen, daß man mit den anderen im gleichen Rhythmus bleibt) war die häufige Folge – mit all den sich daraus ergebenden Rippenquetschungen und Knöchelbrüchen, ganz zu schweigen davon, daß der Rudertakt

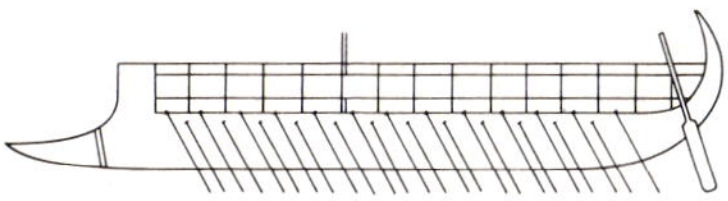

Diese Abbildungen zeigen den Vorteil einer Bireme (= Kriegsschiff mit zwei übereinanderliegenden Ruderdecks).

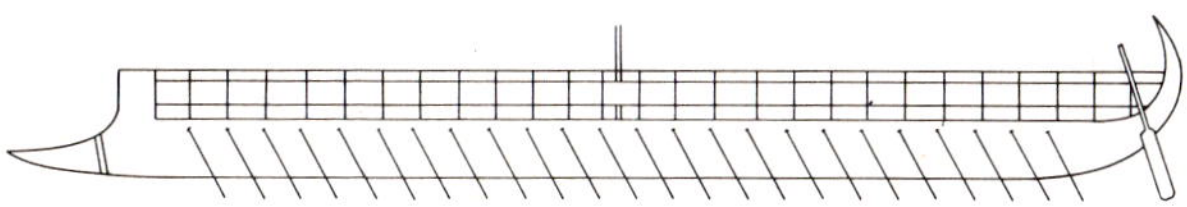

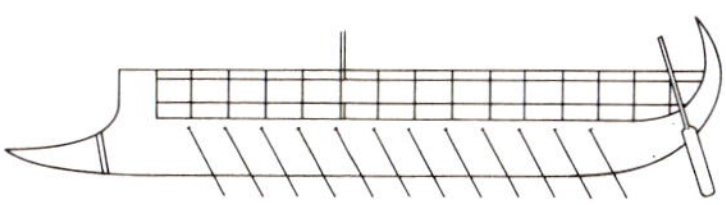

Oben: Schiff mit zwölf Ruderern. Mitte: Schiff mit 24 Ruderern. Unten: Bireme für 24 Ruderer, aber gleicher Länge wie ein von 12 Ruderern besetztes Schiff.

Handel zwischen Ägypten und Kanaan wurde bereits um 1400 v. Chr. betrieben, als das Original dieser Kopie eines ägyptischen Wandgemäldes entstand. Der Künstler hob die langgewandeten Händler durch ihre Größe gegenüber anderen Gestalten hervor. Einer überwacht das Entladen, während ein anderer mit einem Agenten verhandelt. Männer von der Schiffsbesatzung laden Wein bzw. Öl und Tonkrüge aus.

gestört war. Bei ungünstigem Wetter und wenn es nicht unbedingt, wie in der Schlacht, nötig war, blieb deshalb die unterste Bank in einem Vielruderer unbemannt. In der Schlacht jedoch gab man beim Nahkampf der unteren Ruderreihe den Vorzug; sie bot den Ruderern Schutz und hielt gleichzeitig das Oberdeck für die Soldaten frei. Von da war es nur ein Schritt zur Inanspruchnahme beider Ruderbänke und zur Konstruktion von Schiffen, die dies praktisch durchführbar machten.

Von der «Bireme» zur «Trireme», dem Dreiruderer. Bei ruhiger See und während der Schlacht stellte die Bireme eine enorme Verbesserung dar. Kaum länger als ein Schiff mit nur einer Ruderbank, brachte sie fast das Doppelte an Ruderkraft auf. Mit der Zeit entwickelten die Phönizier und Griechen Dreiruderer, sogenannte Triremen, die in ihren jeweiligen Flotten zum Standardtyp des Großkriegsschiffs wurden. Spätestens um 500 v. Chr. begegnet man ihnen überall im Mittelmeer.

Von dem Moment an, wo es Triremen gab, war eine antike Kriegsflotte eine furchtbare Waffe. Besonders die Karthager wurden zur hervorragenden Seekriegsmacht. Sie waren Meister der Kunst, in voller Fahrt in Linie, d. h. Bord an Bord, anzugreifen. Sie pflegten direkt durch die feindlichen Schiffsformationen hindurchzurudern und sie mit rascher Kehrtwendung von hinten anzugreifen. Wenn der Gegner, um dies zu verhindern, dicht aufschloß, umfuhren ihn die Karthager seitlich und attackierten wiederum von hinten die feindlichen Schiffe, die sich – dicht zusammengedrängt, wie sie waren – gegenseitig in die Quere kamen. Auch entwickelten sie bis zur Perfektion eine Technik des Beinahe-Frontalzusammenstoßes, indem sie so dicht an einem Feindschiff vorbeifuhren, daß der entgegenkommende Rumpf des karthagischen Schiffes die Ruder an einer Seite des gegnerischen Schiffes abbrach und es manövrierunfähig zurückließ.

Die Phönizier kannten sich gut aus in dieser Welt der Seeschlachten, in der sie jahrhundertelang lebten. Fraglos verwickelten sie sich in Kämpfe mit ihren Küstennachbarn, schlugen sich mit angriffslustigen Seevölkern aus der Ägäis herum, mit endlosen Generationen von Piraten und nach 700 v. Chr. mehr und mehr mit den Griechen.

Der unentschiedene Kampf. Die Griechen fühlten sich auf dem Meer ebenso zu Hause wie die Phönizier – sie waren nicht minder kühn, verwegen und zu allem entschlossen und ebenso gute Schiffsbauer und Seeleute wie diese selbst. Ihre Ziele waren indessen etwas andere. Die Griechen wollten Kolonien gründen, um dem Landmangel und Bevölkerungsüberschuß daheim abzuhelfen; die Phönizier dagegen waren an Handelsstützpunkten und Märkten interessiert. Diese Zielsetzungen, so verschieden sie waren, führten beide Völker an die gleichen Orte, und unvermeidlich ergab sich daraus ein jahrhundertelanger Kampf.

Verhängnisvollerweise waren sie einander absolut ebenbürtig, besonders was den technischen Stand ihrer Schiffe betraf. Ein Phönizier hätte sich auf einem griechischen Schiff im Nu zurechtgefunden und umgekehrt genauso. In der Tat bestand einer der Gewinne aus einer Seeschlacht in den dem Feinde abgenommenen Schiffen. Von einem Prisenkommando wurden sie in den Heimathafen des Siegers geschleppt oder gesegelt und, nachdem man sie wieder instand gesetzt hatte, der eigenen Flotte einverleibt. So war es beinahe unmöglich für eine Seite, irgendeinen nennenswerten Vorsprung vor der anderen zu gewinnen. Wäre es den Griechen oder Phöniziern gelungen, sich derart einen Vorteil über den Gegner zu verschaffen, hätte der Kampf nicht so lange gedauert.

Der Nora-Stein aus Nora auf Sardinien trägt eine Inschrift aus phönizischen Buchstaben und ist der älteste bisher bekannte Beleg für das Vordringen der Phönizier ins westliche Mittelmeer. Er stammt aus dem 9. Jahrhundert v. Chr. und könnte sogar älter sein als die Gründung Karthagos. Der fragmentarische Text scheint die Verbrechen aufzuzählen, um derentwillen man für ein Jahr von Sardinien verbannt werden konnte.

3. Aufbau eines Handelsimperiums

Für viele, die in einem abgelegenen Winkel der damaligen zivilisierten Welt lebten, mochte der phönizische Händler, der mit einem Schiff anlegte, der einzige Mensch aus einem anderen Land sein, dem sie in ihrem ganzen Leben begegneten. Aber auch an weltoffeneren Orten, wo Fremde nichts Ungewöhnliches waren, zeichnete den Phönizier etwas Besonderes aus: Er war in Gegenden gewesen, die andere nur vom Hörensagen kannten.

Dieser Ruf nahm nach 1000 v. Chr. rasch zu, und es zeigt sich, mit welcher Schnelligkeit und Tatkraft dieses Küstenhandelsvolk um eben jene Zeit auszuschwärmen begann, als sie sich von Kanaanäern zu Phöniziern entwikkelten. Man kann diese Tatkraft nicht einfach damit erklären, daß man den Phöniziern eine überdurchschnittliche Energie zuschreibt. Unternehmend waren sie gewiß, aber es gab noch andere Faktoren, auf Grund derer man ihnen eine bedeutende Rolle als Entdecker- und Seehandelsvolk fast hätte prophezeien können.

Durch ihre geographische Lage befanden sie sich buchstäblich im Zentrum der antiken Welt. Ein großer Teil der Handelsgüter jener Welt trat seine Reise auf phönizischen Schiffen an oder wurde in phönizischen Vorratshäusern gelagert. Wenn die Menschen an Euphrat und Tigris mit dem Westen in Verbindung treten wollten, so taten sie es über die Karawanenfernstraßen, die alle an der libanesischen Küste endeten.

Auf halbem Wege zwischen Byblos und Beirut liegt ein enges Flußtal, das sich schluchtartig von den Bergen zur Küste hinabwindet. Als «Hundsfluß» bekannt, war es mehrere Jahrtausende lang sowohl ein Handelsweg als auch ein Einfallstor für feindliche Heere. Zahlreiche Eroberer zogen während jenes Zeitraumes hier hindurch und hinterließen zum Gedächtnis Inschriftentafeln in den Felsen – Inschriftentafeln aus mehr als drei Jahrtausenden, die Invasionen und kriegerische Eroberungen festhalten, beweisen die einzigartige strategische Bedeutung des Libanon. Wenn ein Pharao seine Heere von Ägypten nach Assyrien oder Babylon schicken wollte, mußte er wachsam auf die libanesischen Hafenstädte achten und sich vergewissern, daß von dort keine Gefahr drohte. Und umgekehrt, wenn assyrische oder babylonische Heere nach Westen zogen, war der Weg nach Ägypten erst frei, wenn irgendeine Art von – freiwilligem oder erzwungenem – Einverständnis zwischen den Invasoren und den Königen von Tyros und Sidon erzielt war.

Nicht weniger bedeutsam als der strategische war der materielle Wert der Gegend. Die phönizischen Häfen wurden mit der Zeit ungeheuer reich und weckten das Interesse der assyrischen Eroberer. Die Folge war, daß die

Assyrer ins Land kamen, auch wenn sie keine triftigen geopolitischen Gründe dafür geltend machen konnten. Mal schüchterten sie bei ihren Beutezügen die Phönizier derart ein, daß sie ihnen freiwillig Tribute entrichteten, mal preßten sie sie ihnen mit Gewalt ab. Manchmal zogen sie danach ohne viele Umstände wieder nach Hause ab, bisweilen aber ließen sie auch Garnisonen oder Bevollmächtigte zurück, um sicher zu sein, daß die Tribute auch weiterhin eingingen.

Die Handelsstrategie der Phönizier. In den meisten Fällen fanden es die phönizischen Handelsherren offenbar klüger zu zahlen. Aus ihrer langen Kaufmannserfahrung wußten sie, daß sie nur geduldig abzuwarten brauchten, bis ein gut Teil des ihnen mit Gewalt genommenen Reichtums später auf friedlicherem Wege zu ihnen zurückfließen würde. Die Regenerationsfähigkeit der phönizischen Städte war erstaunlich, und es ist anzunehmen, daß sie eine gelegentliche Invasion als eine Art, wenn auch lästiger, Mehrwertsteuer ansahen, die sie von Zeit zu Zeit zu entrichten hatten, um weiterhin im Geschäft zu bleiben.

Ein Grund dafür, daß die phönizischen Städte sich immer wieder so rasch erholten, war ihre große politische Flexibilität. Jede Stadt stellte eine unabhängige Einheit dar, die frei nach eigenen Interessen handeln und selbständig Geschäfte machen konnte. Jeder sich etwa ergebende Handelsvorteil wurde wahrgenommen. Alle waren bereit, sich in einem Jahr mit dem Nachbarn – wenn es opportun erschien – für ein wirtschaftliches oder politisches Vorhaben zusammenzuschließen, um ihm im nächsten Jahr als Feind gegenüberzustehen.

Aus den spärlichen Berichten, die überliefert wurden, geht hervor, daß die Küstenstädte überwiegend als unzuverlässige Verbündete galten, was vielleicht teilweise auf die Nötigung durch die Assyrer zurückzuführen ist.

Phönizien als Mittelpunkt des antiken Handels. Um noch einmal auf die geographische Lage zurückzukommen, so war das Zweistromland zwischen Euphrat und Tigris nur einer von drei Märkten, die sich dem phönizischen Händler boten. Der zweite war Ägypten im Süden, der dritte Zypern, Kreta und der ganze Mittelmeerraum im Westen. Wollten die Babylonier griechische Keramikware oder die Bewohner des nördlichen und westlichen Mittelmeerraumes ägyptischen Papyrus kaufen, so konnten sie dies am bequemsten bei den Phöniziern.

Diese verfügten, auf Grund ihrer zentralen Lage und ihres einzigartigen Netzes von Handelsniederlassungen, über das reichhaltigste Warenangebot. Schließlich vermochten sie, da sie Seefahrer waren, in Märkte vorzudringen, die nichtseefahrenden Völkern verschlossen blieben. Insgesamt waren sie der Angelpunkt, um den sich ein großer Teil des frühen Handels im Mittelmeer und in der Levante drehte. Aber sie waren nicht zufrieden damit, bloß

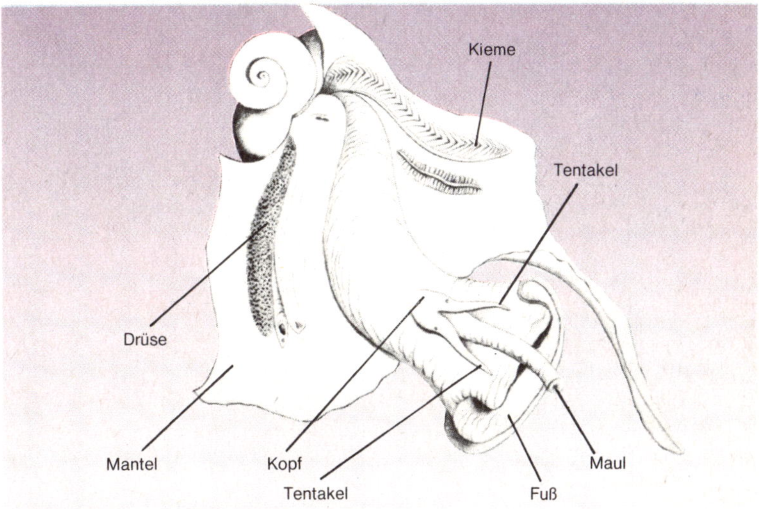

Um 1000 v. Chr. waren Sidon und Tyrus Produktionszentren für gefärbte Seide und Wolle von einer damals unübertroffenen Qualität. Die von einem blassen Rosa bis zum Königspurpur reichenden rötlichen Farben wurden aus zwei Schneckenarten gewonnen. Beide Stachelschnecken-Arten – Murex trunculus und Murex brandaris – waren im Mittelmeer zahlreich vertreten. Die unter den Kiemen liegende Drüse produzierte die von den Färbern gesuchte Essenz.

dies zu sein und sich von allem, was durch ihre Hände ging, eine Provision einzubehalten. Sie verfügten außerdem noch über eigene Aktivposten: zwei, die ein Geschenk der Natur waren, und einen dritten, den sie sich erst durch eigene Leistung im Laufe der Jahrhunderte erwerben mußten.

Die Naturgeschenke waren Edelholz und Purpurfarbstoff. Byblos war lange ein Holzzentrum, weitbekannt für seine Zedern und Kiefern. Tyros und Sidon waren Färberstädte, berühmt für ihr Purpurtuch, für welches das zweite Naturgeschenk Phöniziens, die in den Küstengewässern häufig vorkommende Stachelschnecke, die Grundlage bildete. Irgend jemand hatte entdeckt, daß, wenn man ihre Weichteile aus dem Gehäuse löste und in einer flachen Schale voll Salzwasser der Sonne aussetzte, diese zu verwesen begannen und aus einer Drüse im Schneckenkörper eine Flüssigkeit absonderten. Diese Flüssigkeit benutzte man zum Färben von Tuch. Je nachdem, wie lange man den Fäulnisprozeß andauern ließ und wie konzentriert das Sekret war, konnte die Farbe von einem blassen Rosa über verschiedene Rotschattierungen bis zu tiefem Violett variieren. Dieser letztere Farbton war der tyrische Königspurpur, in der ganzen antiken Welt bekannt und bewundert und in manchen Ländern nur von Königen getragen.

Der dritte Aktivposten aber, mit dessen Hilfe die Phönizier eine wirtschaftliche Vorrangstellung erwarben, war ihr technisches Wissen. Durch ihre umfangreichen Handelsbeziehungen hatten sie die Möglichkeit, nicht nur zahllose Rohstoffe, sondern auch Verarbeitungstechniken und Kunststile zu erlernen. Schon bald wurden sie zu Spezialisten in der Elfenbeinverarbeitung und lernten getriebene und Emailarbeit herzustellen und wandten beide Techniken auf die Verzierung von Gold- und Silberschmuckstücken und -kleinodien an. So entwickelten sie eine bedeutende Schmuckindustrie. Wenn auch einige Forscher Elemente eines «phönizischen» Stils in diesen Arbeiten zu erkennen glauben, so bezogen die Künstler ihre Anregungen doch in der Hauptsache aus fremden Vorlagen. Ähnlich verhielt es sich bei Metallgefäßen, Silberschalen, Kupfer- und Bronzeschüsseln. Manche dieser Gebrauchsgegenstände sind wundervoll gearbeitet, aber ihre Form läßt sich eindeutig auf Vorbilder in Mesopotamien, Ägypten oder der Ägäis zurückverfolgen.

Das soll nicht heißen, daß den Phöniziern jegliche Originalität abging. Eher könnte man sagen, daß sie sich ohne Scheu an der Marktlage orientierten. Als die Herstellung von Exportartikeln einen immer größeren Umfang annahm, wirkte sich zudem die Nachfrage nach möglichst schnell und billig produzierbarer Ware in einer allmählichen Verkümmerung des Geschickes und der schöpferischen Kraft des Kunsthandwerkers aus.

Da sie Edelhölzer reichlich im eigenen Lande hatten, machten sich die Phönizier von Anfang an einen Namen als ausgezeichnete Zimmerleute und Möbeltischler. Es scheint, daß sie kaum Holz für den eigentlichen Hausbau verwendeten – hierzu nahmen sie Steine oder Ziegel –, dafür jedoch um so reichlicher für deren Ausstattung und Möblierung. Insgesamt gesehen, machte ihre Vertrautheit mit Metall, Holz und Stein sie zu gesuchten reisenden Handwerkern.

Erste Handelsbündnisse. Einer, der sich um diese Kunstfertigkeit bemühte, war der israelitische König David. Nachdem er um 1000 v. Chr. das Königreich Israel innerlich gefestigt hatte, richtete sich sein Streben auf einen Zugang zum Meer und auf Holz für ein eigenes Haus. Er wandte sich an seinen Nachbarn Hiram, der damals König von Tyros war, mit der Bitte, ihm Handwerker zu schicken, und es kam zu einem für beide Seiten vorteilhaften Handelsbündnis.

Aus dem Alten Testament wissen wir, daß Hiram ein großer Herr war – vielleicht der mächtigste an der ganzen Küste. Als starker Herrscher mit einem Kaufmannsinstinkt für Expansion, wo immer Gewinn lockte, erkannte er den Wert einer Verbindung mit Israel. Nachdem Hiram mit einem israelitischen König gute Erfahrungen gemacht hatte, setzte er sie mit Davids Sohn Salomo fort.

Salomo hatte ehrgeizigere Pläne als sein Vater. Als erstes wollte er einen Tempel erbauen, prächtiger als alle, die die Kinder Israels bisher gekannt hatten. Daher sandte Hiram einen kompletten Arbeiterstab über die Berge nach Israel, der einen Tempelbau von Grund auf entwarf und ausführte. Als Gegenleistung erhielt Hiram jährliche Öl- und Weizenlieferungen. Letztere brauchte die stark anwachsende Bevölkerung von Sidon dringend, denn ihr eigenes Ackerland bestand wegen der Nähe der Berge zum Meer nur aus einem schmalen Streifen. Der zweite von Salomos Plänen ging dahin, seinen Handel über das Rote Meer und den Indischen Ozean nach Süden auszuweiten – speziell nach Ophir, dem Lande der Goldgewinnung. Wo dieses Ophir genau lag, ist im Laufe der Geschichte in Vergessenheit geraten, viele Archäologen vermuten es jedoch in Südarabien. Salomo wollte auf dem Seeweg dorthin gelangen, da er aber ebensowenig wie sein von Hirtennomaden abstammendes Volk ein Seefahrer war, wendete er sich wiederum an Hiram. Dieser entsandte eine Gruppe von Schiffsbaumeistern, Segelmachern und Taklern, um für Salomo in Ezion Geber, nahe dem heutigen israelischen Hafen Elath, eine Handelsflotte zu bauen. Als sie fertig war, wurde sie mit phönizischen Seeleuten bemannt, und Hiram bekam offenbar seinen Anteil an dem Gold und den Edelsteinen, die man aus dem sagenhaften Ophir heimbrachte. Allein für das aus Ophir geholte Gold gibt die Bibel die Zahl von 420 Talenten an. Da ein Talent etwas mehr als 34 Kilogramm an Gewicht hatte, entspricht das bei dem heutigen inflatorischen Goldpreis – wenn man den Angaben der Bibel Glauben schenken darf – einem Wert von etwa 120 Millionen Mark.

Vom Seehandel zur Erkundungsfahrt. Gold aus Ophir, Kupfer aus Zypern, Silber aus Äthiopien, Zinn aus Spanien. Mehr und mehr wurde der Mittelmeerhandel von der Nachfrage nach Metallen beherrscht. Zinn war begehrt, weil es, mit Kupfer legiert, Bronze ergab, ein weitaus härteres Metall als Kupfer selbst. Einige Wissenschaftler glauben, daß die reichen Zinnvorkommen in Spanien anfangs die Phönizier nach dem Westen zogen, und von dort vielleicht in die Bretagne und zu den britischen Inseln, wo ebenfalls Zinn gewonnen wurde. In Kleinasien war inzwischen die Eisenverhüttung entdeckt worden, und die Phönizier nahmen auch diese in das Repertoire ihrer Fertigkeiten auf.

Spätestens um 1000 v. Chr. waren sie zu *den* Seefahrern und Händlern ihrer Zeit geworden. Ausgestattet mit einer gründlichen Kenntnis der Metalle, mit Handelsgütern aller Art, mit einem ganzen Arsenal von industriellen Techniken, bestens vertraut mit Schiffen und Meer, waren die Phönizier so weit, daß sie sich nahezu überallhin zu fahren getrauten. In Scharen segelten sie nach Westen, wobei sie überall auf ihrem Wege an strategisch wichtigen Punkten kleine Handelsniederlassungen gründeten. Schließlich erreichten sie die westliche Begrenzung des Mittelmeeres: die Säulen des Herakles (die Straße von Gibraltar) – das Tor zum Atlantik. Aber auch hier machten sie nicht halt.

Um 600 v. Chr. war ihr Ruf als zuverlässige Besucher ferner Gegenden so groß, daß der ägyptische Pharao Necho mit der Bitte an sie herantrat, eine Erkundungsfahrt zu unternehmen.

Die erste Umseglung Afrikas. In jener Zeit bezeichnete man ganz Afrika als «Libyen». Dies war der Name für die unerforschten Sandwüsten südlich des bekannten fruchtbaren Mittelmeerküstenstreifens. Kaum erkennbare Karawanenwege von Oase zu Oase verloren sich in den Weiten der Wüste, und irgendwo am Ende dieser Wege lebten schwarzhäutige Menschen. Das wußte man, weil Handelsgüter – Gold, Elfenbein und vor allen Dingen schwarze Sklaven – über jene Straßen zurückkamen. Aber wie weit «Libyen» sich erstreckte oder welche geographische Gestalt es hatte, darüber herrschte völlige Unkenntnis. Necho muß es für eine Insel gehalten haben, denn seine Instruktion an die phönizischen Seefahrer lautete, aus dem Roten Meer nach Süden zu fahren und von Westen her durch die Säulen des Herakles zurückzukehren – kurz gesagt, Afrika zu umsegeln. Genau dies scheinen die Phönizier getan zu haben, und 2000 Jahre sollten vergehen, bis Afrika erneut umschifft wurde.

Die Phönizier brauchten drei Jahre. Der griechische Geschichtsschreiber Herodot (484–424 v. Chr.) schildert ihre Fahrt folgendermaßen: Im Herbst zogen sie dort, wo sie gerade waren, ihre Schiffe auf den Strand, rodeten etwas Land, säten Korn aus und warteten, bis es reif war. Danach ernteten sie es und setzten ihre Reise fort. Er berichtet jedoch nicht, was sie sonst noch taten, wem sie begegneten oder was sie sahen – mit Ausnahme einer interessanten Tatsache. In dem Necho erstatteten Bericht behaupteten die Seeleute beharrlich, sie hätten, als sie das Südende von Libyen umfuhren und Kurs nach Westen nahmen, die Sonne zur Rechten gehabt. Herodot, einer der anregendsten Geschichtenerzähler, die je gelebt haben – aber auch einer der skeptischsten –, teilt diese merkwürdige Einzelheit gewissenhaft mit, erklärt jedoch zugleich, er glaube sie nicht. Dabei verleiht gerade diese Beobachtung der Behauptung Gewicht, daß die Phönizier tatsächlich bis in die südliche Hemisphäre vorgedrungen und eine Zeitlang die Sonne zu ihrer Rechten gehabt haben – d. h. daß sie, von ihnen aus gesehen, etwa im Norden auf- bzw. untergegangen ist.

Eine andere, verläßlicher dokumentierte Afrika-Expedition unternahm der karthagische Admiral Hanno um 425 v. Chr. Er hatte nicht vor, Afrika zu umsegeln, sondern richtete sein Interesse vielmehr auf eine Konsolidierung des Afrikahandels. Anhand des Schiffstagebuches, von dem sich eine griechische Übersetzung erhalten hat, lassen sich einige der Landmarken, die er sichtete, wiedererkennen und Orte identifizieren, an denen er haltmachte, um Siedlungen oder Handelsniederlassungen zu gründen. Viele Wissenschaftler sind sich darin einig, daß der breite Strom, an dem er vorüberkam, der Senegal war. Weiter südlich wird sein Bericht indessen immer undeutlicher. Es ist schwer zu sagen, ob er bis Sierra Leone kam, ehe er wegen Proviantmangel umkehrte, oder, wie manche annehmen, bis Kamerun, fast 2500 Kilometer weiter im Süden. In jedem Falle hatte er viele aufregende und seltene Dinge gesehen: große Elefantenherden in verschilften Flußbetten, auch riesige Mengen Krokodile und Flußpferde, offenbar in einem Arm des Senegalstroms. An einer Stelle wurde er bei dem Versuch, an Land zu gehen, von einer Gruppe fellbekleideter Wilder angegriffen, die, auf überhängenden Klippen stehend, so viele Steinbrocken auf seine Leute warfen, daß er gezwungen war weiterzusegeln. An einer anderen Stelle traf Hanno auf am ganzen Körper behaarte Einwohner, in denen ein ihn begleitender Dolmetscher ein Volk namens «Gorillas» erkannte. Die «Männer» verschwanden, indem sie senkrecht einen Felsen hinaufkletterten, dafür gelang es Hannos Mannschaft, ein paar von den «Frauen» einzufangen, die jedoch so wütend um sich bissen und kratzten, daß man sie töten mußte. Er nahm die Häute von dreien von ihnen mit nach Karthago, um sie öffentlich zur Schau zu stellen.

Weitere Erkundungsfahrten. Es wird vermutet, daß schon vor dieser verhältnismäßig gut bezeugten Reise Hannos ein anderer karthagischer Admiral namens Himilke eine Erkundungsfahrt durch die Säulen des Herakles nach Norden unternommen hat. Da die Berichte darüber ziemlich unpräzise sind, läßt sich nicht mit Sicherheit sagen, ob die Phönizier über die Küsten der Bretagne bis zu den britischen Inseln gelangten. Für ihre Anwe-

Phönizier erkaufen den Abzug der Assyrer. Tribute aus Tyros (die meerumspülte Festung links) kommen auf beutebeladenen Schiffen. Sie werden mit Tauen auf den Strand gezogen. Phönizische Lastträger bringen die Beute vor den assyrischen König Salmanasser III., der dieses bronzene Gedenkrelief um 830 v. Chr. in Auftrag gab.

senheit dort gibt es keine unmittelbaren archäologischen Zeugnisse, jedoch steht fest, daß von Spanien aus in der Eisenzeit (900–0 v. Chr.) Besucher dorthin kamen; ihre Spuren tauchten in Cornwall an der Südwestküste Englands auf. Ob es sich bei den Besuchern um Himilko und seine Leute, um andere Phönizier oder um Kelten handelte, die auf eigene Faust längs der Küste Handel trieben, läßt sich nicht genau sagen.

Die drei erwähnten Fahrten – zwei um Afrika und eine nach Britannien – fanden innerhalb eines Zeitraums von 200 Jahren statt. Während dieser Zeit gab es sicher noch einige andere, und der Überlieferung nach erreichten die Phönizier die Kanarischen Inseln, Madeira und die Azoren. Es ist durchaus möglich, daß alle diese Inseln zufällig von Schiffen entdeckt wurden, die der Sturm aufs offene Meer verschlagen hatte. Geriet ein Schiff in einen Orkan, wurde es verschalkt (wasserdicht verschließen), man wartete, bis der Sturm vorüber war, und versuchte dann aus eigener Kraft zum Land zurückzusegeln oder zu rudern. Die nächste Kanarische Insel liegt kaum mehr als 100 Kilometer von der afrikanischen Küste entfernt. Da die Händler die Küste hinauf und hinunter segelten, liegt es nahe, daß im Laufe von mehreren Jahrhunderten irgendwann einmal ein Schiff dorthin verschlagen wurde. Madeira liegt weiter draußen im Ozean und die Azoren noch weiter – ungefähr 1600 Kilometer westlich von Gades (Cadiz) an der Straße von Gibraltar. Ausgerechnet auf den Azoren fand man jedoch acht karthagische Münzen. Zwar läßt sich nicht beweisen, daß sie durch Karthager dorthin gelangten, aber die Wahrscheinlichkeit, daß andere sie dorthin brachten, ist äußerst gering.

Die großen Seefahrer und Händler. Am meisten beeindruckt an den nachgewiesenen Reisen der Phönizier, daß keines der gleichzeitig mit ihnen lebenden Völker ähnliche Anstrengungen unternahm. Niemand besaß offenbar die Energie, den Mut und das nautische Können, um mit ihnen konkurrieren zu können. In den Phöniziern fanden sich alle diese Eigenschaften vereinigt, und darüber hinaus müssen sie sicherlich eine zähe Rasse gewesen sein – abgehärtete, nüchtern kalkulierende Männer, die nicht um irgendwelcher Romantik willen sich über den Horizont hinauswagten, sondern weil es dort Gold und Elfenbein zu holen gab oder weil die Elemente sie dorthin verschlugen. Andere, die über sie schrieben, betonten ihren Wagemut; aber auch ihre Härte beim Geschäftemachen, ihre Verschlagenheit. Sie werden als Menschen geschildert, die betrogen, wenn sie eine Chance sahen, damit durchzukommen, und die selbst vor Mord und Menschenfang nicht zurückschreckten.

Sie hatten tatsächlich einen schlechten Ruf als Sklavenhändler. In fast allen griechischen und römischen Komödien ist jemand als Kind von Phöniziern entführt und dann als Sklave verkauft worden. In seiner *Odyssee* erzählt Homer, wie der syrische Knabe Eumaios von den Phöniziern geraubt wurde, «den schiffeberühmten, gaunernden Leuten mit zahllosem Tand im schwärzlichen Schiffe»; diese hatten mit der phönizischen Amme des Eumaios heimlich gemeinsame Sache gemacht, um beide in ihre Gewalt zu bekommen. Was Homer nicht sagt, ist, daß die Amme sehr wohl selbst eine Sklavin gewesen sein könnte, Opfer einer Jahre zurückliegenden Entführung oder Stadtplünderung durch die Griechen und nur zu froh, daß sie nun eine Gelegenheit findet, nach Phönizien in die Heimat zurückzukehren.

Zur Verteidigung der Phönizier muß daran erinnert werden, daß es ihre Feinde sind, die hier über sie sprechen, und daß sie in einer rauhen Welt lebten, in der jeder sich bereicherte, wenn die anderen nicht hinsahen.

Aus Herodots Berichten geht hervor, daß die Phönizier ehrlichere Geschäftsmethoden hatten, als man ihnen andichtete. Da sie so weit herumkamen, standen sie in ständigem Kontakt mit weniger zivilisierten Völkern, deren Sprachen sie nicht beherrschten und deren Sitten und Gebräuche ihnen größtenteils unbekannt waren. Dies galt besonders für die afrikanische Atlantik-Küste. Hier mußte sich der Handel – wenn er überhaupt betrieben werden sollte und die Händler eine Hoffnung auf Heimkehr behalten wollten – auf so etwas wie gegenseitiges Vertrauen gründen. Herodot berichtet folgendes darüber:

«Kaum sind die Händler dort angekommen, so entladen sie ihre Waren und breiten sie am Strand ordentlich aus. Dann steigen sie wieder in die Schiffe und geben ein Rauchsignal. Sobald die Einheimischen den Rauch sehen, kommen sie ans Meer; sie legen Gold als Preis für die Waren hin und ziehen sich zurück. Sogleich gehen die Karthager wieder an Land und sehen sich um. Entspricht die Menge des Goldes nach ihrer Meinung dem Wert der Waren, so nehmen sie es an sich und fahren ab; andernfalls gehen sie wieder auf die Schiffe und warten dort geduldig ab. Jene aber nähern sich wieder den Waren und legen Gold hinzu, bis die Karthager zufrieden sind. Keiner übervorteilt den anderen: Die einen rühren das Gold nicht eher an, als bis es ihnen den Waren gleichwertig dünkt; die andern berühren die Waren nicht eher, als bis die Karthager das Gold angenommen haben.»

Eine hübsche Geschichte, in der die Phönizier als praktische, umsichtige Kaufleute bewertet werden und die der Wahrheit wohl auch entspricht.

So sensationell die großen Entdeckungsfahrten gewesen sein mögen, es war doch das langsame, von einem Tag zum andern sich vortastende Erkunden des Mittelmeeres, was den merkantilen Handelsgeist der Phönizier wach hielt und ihre «Kähne» zu einem vertrauten Anblick in fast allen Häfen der zivilisierten und der weniger zivilisierten Welt machten. Eine Ausnahme bildete die Ägäis, in der die Phönizier schon früh versucht hatten, ihren Einfluß geltend zu machen. Bald hatten sie sich an mehreren Orten auf Zypern eingerichtet und stießen von da weiter vor, um Handelsniederlassungen auf Rhodos und sogar auf Kreta zu begründen. Aber dann wurden sie in kurzer Zeit von den Griechen vertrieben und mußten fürs erste jede Hoffnung auf Handelsverbindungen im Ägäischen Meer fallenlassen. Dafür aber stand ihnen das Mittelmeer weit offen, mit Spaniens Metallschätzen als lockendem Ziel am Ende einer 3700 Kilometer weit nach Westen führenden Wasserstraße.

Die punische Landschaft. Man kann das Vorrücken der Phönizier nach Westen recht gut verfolgen, wenn man die Küste nach den Stellen absucht, die sie sich als gute Ankerplätze für die Nacht ausgesucht haben könnten, wobei zwischen einem und dem nächsten immer knapp 50 Kilometer lagen. Nach Ansicht eines französischen Forschers muß man außerdem auf eine bestimmte Art von Landschaft achten, auf eine «punische Landschaft».

«Punisch» ist das lateinische Wort für westphönizisch, und damit soll gesagt werden, daß die Phönizier nach bestimmten, wohlbekannten Kriterien Gebiete suchten, in denen sie Handelsniederlassungen gründeten, die sich unter Umständen dann schließlich zu Städten entwickeln konnten; und wenn sich ein Archäologe bei seinen Forschungen an diesen Kriterien orientiert, hat er gute Aussichten, eine neue Phönizierstadt ausfindig zu machen.

Eine «punische Landschaft» – das bedeutet entweder ein leicht zu verteidigendes, ins Meer vorspringendes Vorgebirge oder eine kleine küstennahe Insel. Wichtig waren eine ständige Süßwasserquelle und ein ergiebiger Steinbruch, aus dem man Steine zum Bau von Befestigungen und Häusern abtragen konnte. Eine weitere Voraussetzung war ein guter Ankerplatz, noch besser zwei – einer für die sommerliche Jahreszeit und einer auf der gegenüberliegenden Seite der Insel oder des Vorgebirges für die Winterzeit, in der die Winde aus einer anderen Richtung wehten. Schließlich war ihnen wichtig, daß es in der Nähe anbaufähiges Ackerland gab. Über dem Bild von den Phöniziern wird leicht vergessen, daß sie daneben hervorragende Landwirte waren. Als Menschen, die in Städten – mit einer für ihre Zeit hohen Bevölkerungsdichte und ziemlich großen Einwohnerzahl – lebten, waren sie auf zuverlässige Nahrungsquellen angewiesen. Sie sicherten sich diese, indem sie sich Ackerland rings um ihre Städte aneigneten und es intensiv bebauten.

Das Ergebnis war ein Netz von vielen kleinen, weit über den Mittelmeerraum verstreuten «Phönizien», jedes umgeben von einer zahlenmäßig weit überlegenen Lokalbevölkerung, die aber kulturell und wirtschaftlich auf einer niedrigeren Stufe stand. Der Handelserfolg der Phönizier erklärt sich zu einem großen Teil aus diesem Kulturgefälle. Ihre Nachbarn hatten vielfach entweder nicht das Können oder nicht die Lust, sich all den Tand und Schmuck, mit dem die Phönizier handelten, selbst herzustellen; sie tauschten, naiv wie sie waren, Gewürze, Elfenbein, Gold oder andere Metalle für einen weitaus geringeren Gegenwert, als sie anderswo für diese Rohstoffe bekommen hätten. Hier lag der beträchtliche Gewinn für die phönizischen Händler. Überall, wo das Hinterland gute Märkte bot oder wo strategische Gegebenheiten die Anlage eines vorgeschobenen Außenpostens verlangten, entstanden blühende Städte.

Ein solcher strategischer Außenposten war die Meerenge zwischen Sizilien und Nordafrika, die das Mittelmeer in eine westliche und eine östliche Hälfte teilt.

Die Phönizier trafen jede Vorsorge, sich die Kontrolle der Meerenge durch die Anlage starker Siedlungen an drei Stellen zu sichern: auf der Insel Malta, die die Zugänge von Osten her beherrschte; in Karthago, wo die afrikanische Küste sich Sizilien nähert; und am nächstgelegenen Punkt des gegenüberliegenden Siziliens, auf einer kleinen befestigten Insel namens Motye vor seiner Westspitze. So abgesichert, konnten die Phönizier ihre wichtigsten

Konkurrenten, die Griechen, aus dem westlichen Mittelmeer heraushalten und sich den spanischen Metallhandel sichern.

Die Rolle der Griechen und Phönizier im westlichen Mittelmeer. Zwei Fragen stellen sich, auf die es keine präzisen Antworten gibt, immerhin aber begründete Vermutungen. Die erste beschäftigt sich damit, zu welchem Zeitpunkt man Ostphönizien im eigentlichen Sinne als «Phönizien» ansprechen kann. Die zweite hat mit der Chronologie und Dynamik der Entwicklung Westphöniziens zu tun – vornehmlich auf Sizilien, wo es zu einem langandauernden Kampf mit den Griechen kommen sollte. Alles, was auf diesen Seiten bisher über den zweiten Komplex gesagt worden ist, folgte der herkömmlichen Geschichtsschreibung, die größtenteils auf den Schriften Dutzender von antiken Historikern, Dichtern, Chronisten, Reisenden (darunter freilich auch Sagenerzählungen) beruht. Dieses ganze Quellenmaterial ist später kritisch gesichtet und unter Vorbehalt zu einer kausalen Faktenkette zusammengefügt worden, deren Glieder sich all die Zeit über als erstaunlich haltbar erwiesen haben.

Jener traditionellen Geschichtsschreibung zufolge soll die phönizische Kolonisierung Spaniens bereits um 1100 v. Chr., die Gründung Uticas an der nordafrikanischen Küste ungefähr zur gleichen Zeit, diejenige von Karthago vor 800 v. Chr. und die Errichtung von Vorposten an vielen Stellen Siziliens kurz danach erfolgt sein. Es ergäbe sich so das Bild einer fest etablierten phönizischen Herrschaft auf Sizilien, lange bevor die Griechen zum Konkurrenzkampf antraten. Unbequemerweise deuten jedoch die jüngsten archäologischen Funde, untermauert durch neue Interpretationsmethoden, darauf hin, daß die Geschichtsschreibung womöglich irrt.

Das Ärgerliche ist nämlich, daß man an keiner einzigen westphönizischen Siedlung – sei es in Karthago, auf Sizilien oder sonstwo – ein Relikt hat finden können, das sich mit Sicherheit in die Zeit vor etwa 735 v. Chr. datieren läßt. Da es praktisch so gut wie ausgeschlossen ist, daß eine ständige Siedlung, welcher Größe auch immer, ihr Alter vor den höchst verfeinerten Methoden heutiger Analyse verbergen kann, bedeutet dies, daß die Vorstellungen sowohl der antiken Gelehrten als auch der modernen Wissenschaftler über die Rolle der Griechen und Phönizier im westlichen Mittelmeer ernsthaft überprüft werden müssen.

Die Schwierigkeit scheint, seltsam genug, auf einen der gewissenhaftesten und zuverlässigsten Historiker, die je gelebt haben, zurückzugehen: auf Thukydides (griech. Geschichtsschreiber 460–400 v. Chr.). Bei der Schilderung der raschen kolonialen Expansion vieler griechischer Städte, ausgelöst durch Landnot und soziale Unruhen, kommt Thukydides naturgemäß auf die Besiedlung Unteritaliens und danach Siziliens durch jene frühen griechischen Kolonisten zu sprechen, die seit etwa 735 v. Chr. in Scharen nach Westen zu strömen begannen. Er sagt dann weiter, die in Sizilien lebenden

Phönizier hätten sich, sobald die Griecheninvasion einmal angefangen habe, langsam zurückgezogen, bis sie auf drei Städte am äußersten Westrand der Insel beschränkt gewesen seien.

Diese Feststellung galt als unantastbar, seit sie einmal niedergeschrieben war, aber sie ist mit Vorsicht aufzunehmen. Kolonisation ist selbst unter günstigen Umständen eine schwierige Sache. Die neuankommenden Griechen brachten tiefes gegenseitiges Mißtrauen mit und bekämpften sich untereinander aufs heftigste. Anzunehmen, sie hätten es vermocht, ihre internen Zwistigkeiten beizulegen, und gleichzeitig die Energie aufgebracht, ein ganzes System wohlgesicherter phönizischer Siedlungen aus den Angeln zu heben, heißt denn doch der Gutgläubigkeit zuviel zumuten.

Ilias und Odyssee. Doch weshalb stellte dann Thukydides eine solche Behauptung auf? Wahrscheinlich wurde Thukydides von Homer irregeführt. Wenn ein nüchtern denkender Historiker die Erzählung eines Dichters ernstnimmt, so verlangt das eine Erklärung. Zunächst einmal muß man die Ausnahmestellung begreifen, die Homer bei den Griechen einnahm: Er galt als die Quelle praktisch allen Wissens, das sie von einem gut Teil ihrer Vergangenheit, ja ihrer Ursprünge selbst hatten. Das Anrecht auf die Achtung, die die Griechen und später die Römer ihm zollten, haben ihm auch die modernen Forscher nicht bestritten – wenn sie ihn auch eher interpretierten, statt ihn wörtlich zu nehmen.

Sieht man von den Mythen und märchenhaften Begebenheiten ab, die er in seine epische Erzählung einflicht, so erweist sich Homer, je tiefer man in sein Werk eindringt, als ein wunderbar genauer Schilderer der griechischen Bronzezeit. Die *Ilias*, welche von Ereignissen der Zeit um 1200 v. Chr. – rund vierhundert Jahre vor Homers mutmaßlicher Lebenszeit – handelt, läßt jene vergangene Welt bis ins kleinste wiedererstehen, und man kann seine Genauigkeit und Vorstellungskraft nur bewundern. Je besser man Homer kennt, desto mehr Respekt hat man vor ihm als Chronisten des Lebens im mykenischen Griechenland. Kein Wunder also, daß Thukydides sich strikt an ihn hielt. Leider machte er dabei jedoch einen so einfachen wie verhängnisvollen Fehler: Er nahm als gegeben, daß beide Epen, *Ilias* wie *Odyssee*, ungefähr gleichzeitig von ein und demselben Mann geschrieben wurden und daß sie beide Ereignisse aus der Zeit von 1200 v. Chr. behandeln. Das aber ist nach dem neuesten Stand der Wissenschaft nicht der Fall und wirft die Frage nach Homers Identität auf.

Die Griechen selbst wußten nicht genau, wer Homer war, wo und wann er lebte. Wir wissen es heute noch nicht. Wir können nicht einmal sicher sein, daß ein Dichter dieses Namens überhaupt existierte. Was wir wissen, ist, daß es zu der Zeit, in der er angeblich lebte, Berufsdichter gab, die ihre Lieder an den Fürstenhöfen vortrugen. Falls Homer wirklich existierte, war er einer von ihnen, und dann bezog er seine Inspiration aus einem reichen Schatz von

Sagenerzählungen, die eine ununterbrochene Reihe von Vorgängern in Liedform gebracht und mündlich von Generation zu Generation weitergegeben hatte. Ein gründliches Studium von Homers beiden großen Epen, der *Ilias* und der *Odyssee*, läßt die Vermutung zu, daß er ein Ionier war und um 800 v. Chr. auf der Insel Chios lebte. Wieviel von der *Ilias* bzw. *Odyssee* er selbst gedichtet hat und wie sie überliefert wurden – ob mündlich oder in schriftlicher Form –, ist ebensowenig bekannt. Jedoch stellt die Analyse der beiden Epen zunehmend klar, daß Teile der *Odyssee* sehr wahrscheinlich nicht von Homer stammen, sondern später von einem oder mehreren Dichtern, deren Identität uns nicht bekannt ist, eingefügt wurden. Wichtig für die Frage, die uns hier beschäftigt, ist, daß die *Odyssee* als Ganzes offenbar wesentlich später als die *Ilias* verfaßt wurde, vielleicht ein halbes oder ganzes Jahrhundert später. Anspielungen auf die Phönizier in beiden Werken verstärken diesen Eindruck, da sie unabsichtlich enthüllen, wie sich die griechische Einstellung zu den Phöniziern in den hundert Jahren zwischen 800 und 700 v. Chr. gewandelt hatte.

Darstellung der Phönizier in den beiden Epen. Als die *Ilias* niedergeschrieben wurde, hatten sich die Unruhen in der Ägäis gelegt, und die Griechen fingen gerade an, aufs neue als Händler und Kolonisatoren auszuschwärmen. Ihre Künste hatten noch nicht den hohen Stand entwickelt, den sie später erreichen sollten, und als sie sich durch das Ägäische Meer nach Osten vortasteten, um in Handelsbeziehungen mit Ostphönizien zu treten, konnte es nicht ausbleiben, daß die hohe Qualität der ihnen hier begegnenden Produkte großen Eindruck auf sie machte. Infolgedessen erscheinen die Phönizier in der *Ilias* ausschließlich als Meister des Handwerks. Es war das Bild, das die Griechen des 8. Jahrhunderts von ihnen hatten, und dieses Bild gibt die *Ilias* wieder, obgleich sie von Ereignissen erzählen soll, die 400 Jahre früher stattfanden.

Ganz anders das Phönizierbild der *Odyssee*. Inzwischen nämlich hatte die Kunst der Griechen großartige Fortschritte gemacht, ebenso wie ihr kolonisatorisches Ausgreifen. Überall prallten Griechen und Phönizier aufeinander, nicht länger als friedliche Händler, sondern als erbitterte Konkurrenten. Jene sahen in diesen nur noch eine niederträchtige, gerissene, diebische, kinderraubende, frauenverführende, ruhelos die Meere befahrende Bande, mehr Krämer mit allerhand wertlosem Tand als Handwerkskünstler. So zeigt auch die *Odyssee* die Phönizier – es ist in der Tat das Bild, das sich die Griechen des 7. Jahrhunderts von ihnen machten.

Thukydides, der von diesen Nuancen, besonders von der Zeitlücke zwischen der Entstehung der *Ilias* und der *Odyssee*, nichts wußte, rückte die beiden Epen zeitlich zusammen, in dem Glauben, sie schilderten wirkliche Begebenheiten, die sich in einem Abstand von nur einem oder zwei Jahrzehnten zugetragen hätten. Dies stellte ihn jedoch vor ein unangenehmes

Problem. Auf irgendeine Weise mußte er die Zeit des in der *Ilias* geschilderten Trojanischen Krieges (den er ganz richtig kurz vor 1200 v. Chr. ansetzte) mit der Aktivität und dem Verhalten der Phönizier, wie die *Odyssee* sie schildert, verknüpfen. Die plausibelste Vermutung, die er anstellen konnte, war die, daß die Phönizier ihre niederträchtigen, gerissenen, weitgespannten Handelsgeschäfte schon seit altersher betrieben. Infolgedessen mußte Thukydides, als er daran ging, eine Darstellung der Kolonisation Siziliens durch die Griechen um 700 v. Chr. zu geben, erklären, wieso es diesen aggressiven Phöniziern nicht gelungen war, sie zu verhindern. Er begnügte sich mit der bloßen Feststellung, sie hätten sich in den Westteil der Insel zurückgezogen. Von der *Odyssee* irregeführt, kam ihm nie der Gedanke, daß sie vielleicht überhaupt nie dort gewesen waren.

Wie konnte Thukydides' Aussage länger als zwei Jahrtausende unwidersprochen bleiben? Dafür gibt es zahlreiche Gründe. Zum einen verlieh die ihm eigene Sorgfalt, Genauigkeit und Skepsis allem, was er sagte, ein ungeheures Gewicht. Zum anderen zwingt die Tatsache, daß man nie Aufzeichnungen der Phönizier über ihre eigenen Unternehmungen gefunden hat, dazu, sich auf die Berichte anderer zu verlassen. Drittens, und hieraus folgend, waren die Phönizier immer ein rätselhaftes, schwer zu fassendes Volk. Lange Zeit wußte man fast nichts von ihnen, außer daß sie in dem Ruf standen, hervorragende Seeleute und Fernhändler zu sein. Als endlich archäologische Zeugnisse ihres Daseins aufzutauchen begannen, schienen sie dieses Bild nur zu bestätigen, denn ihre Ansiedlungen waren tatsächlich über den ganzen Westen verstreut. Schließlich, und das war vielleicht ausschlaggebend, wurden die an diesen Plätzen gemachten Funde nicht immer systematisch analysiert.

Eine Kunst von großer Schönheit und Feinheit. In der Antike war der Tonkrug das übliche Aufbewahrungsgefäß, das beinahe jeder selbst herstellte. Wer dazu nicht imstande war, kaufte ihn vom Händler. Man gebrauchte sie tagtäglich als Henkelkrüge, Trinkgefäße, Tafelgeschirr. Man benutzte sie zur Aufbewahrung und Lagerung von Wein, Wasser und Öl, kurz, allen Flüssigkeiten. Aber sie enthielten auch Getreide und solche Kostbarkeiten wie etwa Goldstaub, ganz zu schweigen von der Asche der Toten. Da Tongefäße so vielseitige Verwendung fanden, boten sie ein reiches Betätigungsfeld für die künstlerischen Ambitionen der Völker, die sie in jeder nur denkbaren Form herstellten und mit Mustern aller Art verzierten. Später, als die Glasur allgemein üblich wurde, entwickelte sich die Keramikherstellung zu einer Kunst von großer Schönheit und Feinheit.

Tongefäße gehen relativ leicht entzwei. Sind sie zerbrochen, so wirft man sie fort. Ihre Scherben sind jedoch sehr dauerhaft. So kommt es, daß unter den Abfällen, die man an jeder archäologischen Fundstätte überall in der mediterranen und vorderasiatischen Welt findet, Tonscherben den größten

Links: Die etwa 15 cm hohe «Mona Lisa von Nimrud» aus Elfenbein wurde in einem assyrischen Brunnen gefunden. Rechts: Schlangen und ein Sonnengott schmücken diesen kleinen Anhänger, dessen Feinheit die hohe Qualität phönizischer Goldschmiedekunst erkennen läßt. Rechts außen: Eine Elfenbeinspule zum Spinnen oder Weben fand man in der karthagischen Kolonie Lilybaeum auf Sizilien bei Motye. Unten: Auf diesen phönizischen Armreif aus Gold sind Lotosknospen und ein geflügelter Sonnengott als feine Goldkörnchen aufgebracht. Die Phönizier waren hochbegabte Goldschmiede und Elfenbeinschnitzer, die ihre Vorlagen und Techniken aus Ägypten und der ägäisch-minoischen Kultur bezogen.

Anteil stellen. Da bestimmte Stile sich mühelos bestimmten Völkern zuweisen lassen und da man die Entwicklung eines Einzelstils über einen bestimmten Zeitraum rekonstruieren kann, erkannten die Fachleute bereits sehr bald, daß Keramik das am besten geeignete Material ist, um die verschiedenen Schichten der von ihnen untersuchten Fundstätten zu analysieren – nicht nur, um das Alter der Gefäße zu bestimmen, sondern auch, um festzustellen, was für Leute dort zu einer bestimmten Zeit lebten und mit wem sie Handel trieben.

Dieser aus dem 8. Jahrhundert v. Chr. stammende Krug aus Sidon, der am Ansatz der Tülle eine Reihe siebartiger Löcher hat, läßt darauf schließen, daß die Phönizier bereits Tee tranken – natürlich nicht den ostasiatischen, sondern einen Aufguß aus einheimischen Pflanzenblättern.

Die Keramik von Karthago und anderen phönizischen Siedlungen. Die phönizischen Keramikfunde, insbesondere die aus Karthago und anderen Orten am westlichen Mittelmeer, schienen nun aber ärgerlicherweise anfangs durchaus nicht jene Vielfalt aufzuweisen. Den Hauptanteil bildete die sogenannte rottonige Glasurware – ein Produkt von ziegelroter, bisweilen in helles Orange übergehender Färbung und glänzender Innenfläche. Die Formen waren konservativ, Verzierungen nur in Ansätzen oder gar nicht vorhanden. Anscheinend betrachteten die praktisch denkenden Phönizier ihre Krüge nur als Gebrauchsware.

Gewöhnt an den Handel mit exotischeren und wertvolleren Dingen, wie Edelsteinen, Skarabäen und Schmuck, und darauf spezialisiert, mit den Waren anderer Geschäfte zu machen, sofern sich ein Markt dafür finden ließ, vernachlässigten sie die Entwicklung ihrer eigenen Keramikmuster weitgehend und konzentrierten sich statt dessen mehr auf den Handel mit griechischer und anderer Ware. Trotzdem verbreiteten sich, wie gar nicht ausbleiben konnte, phönizische Tongefäße aller Art. Überall im Mittelmeerraum finden sich ihre Scherben, bisweilen in großer Anzahl, an allen bedeutenderen Siedlungsplätzen, die für längere Zeit von Phöniziern bewohnt waren.

Trotz ihres häufigen Auftauchens wurden punische Gefäße lange «als uninteressante Dutzendware von nichtunterscheidbarer Gleichförmigkeit» unbeachtet gelassen und schienen daher die Mühe archäologischer Klassifizierung nicht zu lohnen – es schien ihnen an jedem eigenen Charakter zu mangeln, so daß sie sich zuerst nicht in ein chronologisches System einfügen ließen.

Nach jahrelangen gründlichen Forschungen ist es gelungen, die Keramik von Karthago und anderen westphönizischen Siedlungen in eine dringend erforderliche und verläßliche chronologische Ordnung zu bringen. Jetzt ist es zum erstenmal möglich, einen Teil des Materials von Fundorten in Unteritalien, Sizilien, Sardinien, Nordafrika und sogar Spanien kritisch zu werten und Aufschluß darüber zu gewinnen, wer zuerst im Westen war, die Phönizier oder die Griechen. Die Antwort darauf lautet: die Griechen.

Eine erstaunliche Schlußfolgerung. Man kommt zu ihr erst nach einem überaus gründlichen Studium vieler punischer Siedlungsplätze und einer genauen Analyse, die sich außer auf Gefäße auch auf Kunstwerke und Inschriften erstreckt und sogar ein neues Datierungsverfahren der Gefäße durch Laboranalyse der im Ton enthaltenen magnetischen Partikel einschließt. Alle diese Untersuchungen hier wiederzugeben ginge über den Rahmen des vorliegenden Buches hinaus, aber das durch sie angehäufte Beweismaterial ist höchst beeindruckend. Mehr noch: Es ist geeignet, die Zweifel einiger Phönizienexperten an der Genauigkeit jener überlieferten frühen Daten zu unterstreichen. Insbesondere bestätigt es eine vor 80 Jahren von dem deutschen Althistoriker Julius Beloch (1854–1929) aufgestellte

These. Beloch verbreitete damals bereits die gleichen Ideen, aber er war seiner Zeit voraus.

Verbreitungsgebiete der Phönizier. Wie können nun die Überlieferung und die neuen archäologischen Vorstellungen in Einklang gebracht werden?

In dem aus dem Zusammenbruch des mykenischen Griechenland entstehenden Machtvakuum breiteten sich die östlichen Phönizier aus. Ihre Schiffe liefen Zypern, Rhodos, Kreta und andere ägäische Inseln, ja Griechenland selbst an. Ebenso wandten sie sich südlich nach Ägypten und von dort nach Westen. Aber sie taten dies als Händler, nicht als Siedler, und hinterließen daher in den von ihnen besuchten Städten kaum andere Zeugnisse ihrer frühen Anwesenheit als die Waren, mit denen sie handelten. Und an den menschenleeren Hafenbuchten oder Stränden, wo sie auf ihren Fahrten für eine oder zwei Nächte Anker warfen und an Land gingen, ließen sie so gut wie gar keine Spuren zurück.

Diese Art Unternehmungen begann sich um 1100 oder 1000 v. Chr. zu entfalten. Sie breitete sich ständig aus, und spätestens im 9. Jahrhundert hatten sich die phönizischen Häfen zu bedeutenden Seefahrt- und Handelszentren entwickelt. Dann kam während der nächsten anderthalb Jahrhunderte eine ununterbrochene Kette von assyrischen Invasionen aus dem Osten. An irgendeinem Punkt dieses Zeitabschnitts waren die Phönizier die dauernden Angriffe so leid geworden, daß es ihnen – insbesondere den Bewohnern von Tyros, die sich als einzige konsequent gegen die Assyrer zur Wehr setzten – klüger erschien, eine Kolonie im Westen zu gründen, außerhalb der Reichweite jener habgierigen Invasoren. Dies würde einerseits Vorteile für die langfristigen Zukunftsaussichten von Tyros bieten, andererseits aber auch der Ausbeutung der Metallvorkommen in Spanien entgegenkommen, womit, wie die Phönizier damals bereits wußten, das große Geschäft zu machen war. Ironischerweise waren sie vielleicht auch in Spanien nicht die ersten. Zwar wird ihnen im allgemeinen die Leistung zuerkannt, als erste die Säulen des Herakles durchschifft zu haben, doch scheinen die Griechen ihnen selbst hierin zuvorgekommen zu sein. Phönizische Keramik und anderes archäologisches Fundmaterial in Spanien halten sich im Rahmen der oben skizzierten Chronologie, wogegen man auf dem Grunde eines bei Gades (Cadiz) in den Atlantik mündenden Flusses zwei griechische Kriegshelme gefunden hat, die einer früheren Epoche angehören.

Aus unbekannten Gründen ließen es die Griechen bei diesem frühen Abenteuer bewenden, und es gelang ihnen nicht, irgendeine Form regelmäßigen Handelsverkehrs mit dem fernen Westen zu entwickeln. Anders die Phönizier. Spätestens um 750 v. Chr., vielleicht auch schon früher, kamen sie regelmäßig hierher. Erst als griechische Kolonisten in wachsender Zahl in

Unteritalien und Sizilien auftauchten, wurde der phönizische Handelsweg nach dem Westen bedroht. Nun schließlich drangen die phönizischen Händler nach Sizilien vor, und der einzige Teil der Insel, in dem sie jetzt noch Fuß fassen konnten, war die Westküste, die die Griechen selbst noch nicht in Besitz genommen hatten. Der erste phönizische Brückenkopf auf Sizilien war offenbar Motye, das wohl um 700 v. Chr. besiedelt und befestigt wurde. Wahrscheinlich waren es die Karthager, die sich hier festsetzten.

Karthago: Drehscheibe im westlichen Mittelmeer. Welche Stelle genau Karthago in diesem Koordinatensystem einnimmt, ist noch nicht geklärt. Gemeinhin setzt man die Gründung Karthagos in das Jahr 814 v. Chr., als eine Gruppe von Aristokraten dorthin kam, die sich mit ihrer Vaterstadt Tyros überworfen hatte. Diese Jahreszahl könnte jedoch ungenau sein, da man in Karthago nichts gefunden hat, dessen Alter auf dieses frühe Gründungsdatum datiert werden könnte. Die frühesten bisher gemachten Funde sind gut 75 Jahre jünger.

Immerhin: Karthago wurde gegründet, und es wuchs rasch. Obwohl es anfänglich die Verbindung mit Tyros aufrechterhielt und zu religiösen Festen Abgesandte dorthin schickte, war es doch weit genug entfernt, um völlig unabhängig zu sein und einen eigenen Lebensstil und eigene Ambitionen zu entwickeln. Um der immer stärker fühlbar werdenden Präsenz der Griechen zu begegnen, gab Karthago die traditionelle phönizische Politik der strikten Beschränkung auf den Handel und die Regelung der innerstädtischen Angelegenheiten auf. Es weitete sein Hinterland aus, unterwarf die dort wohnenden Volksstämme, legte sich eine Söldnerarmee und eine große Kriegsflotte zu und machte sich allmählich zum Wortführer sämtlicher westphönizischer Städte. Es nahm im westlichen Mittelmeer eine Vormachtstellung ein und entfaltete eine offensive Außenpolitik. Es brach Kriege vom Zaun und verteidigte sich energisch in Kriegen, die ihm aufgezwungen wurden. Karthago wuchs in eine Rolle hinein, die mit derjenigen seiner Mutterstadt Tyros keinerlei Ähnlichkeit mehr hatte.

4. Das Leben in den Handelsstädten

Wie sah das Leben eines Phöniziers in einer der großen Hafenstädte aus? Was für Kleidung trugen die Menschen? In was für Häusern lebten sie? Wie gingen sie ihren Geschäften nach, führten sie ihre Bücher? Welche Art Schrift benutzten sie? Welche Regierungsform hatten sie? Was für Steuern bezahlten sie? Wie kamen sie mit ihren grimmigen Nachbarn, den Assyrern, aus? Vor allem, wie sah eine phönizische Stadt selbst aus? Lauter Fragen, auf die eine Antwort zu bekommen nicht gerade leicht ist.

Die Darstellung einer phönizischen Stadt. Das beste Anschauungsdokument ist ein fein gearbeitetes Wandrelief aus dem Königspalast des Sanherib in Ninive. Es zeigt im Detail die Plünderung einer phönizischen Stadt durch assyrische Krieger. Wer immer der Künstler war, er hatte zweifellos eine lebhafte Vorstellung von seinem Gegenstand. Am meisten scheinen ihn Üppigkeit und Reichtum beeindruckt zu haben. Bei einem Eroberer, der sich mühsam über Hunderte von Kilometern staubiger Ebene und steiniger Gebirge geschleppt hat, ist das nicht überraschend. Eine phönizische Hafenstadt muß ihm wie ein unvorstellbar grünes und reiches Paradies erschienen sein. Ein Wasserlauf fließt mitten durch das Relief – entweder der Saum des Meeres oder ein Fluß. In ihm wimmelt es von Fischen. Da gibt es Obstbäume und Weinstöcke. Überall wachsen Palmen, durch deren Blätter wohlgenährte Tauben fliegen; ein Zweig trägt sogar ein Nest mit halbflüggen Jungen.

Die Stadt selbst ist prächtig erbaut, Mauern und Türme umgeben sie. Die Häuser sind stattlich, mit hohen, schmalen Türen, säulengeschmückten Fenstern im Obergeschoß und eigenartigen Dächern, die offenbar den Versuch des Künstlers darstellen, ziegelgedeckte Kuppeln wiederzugeben. Vielleicht handelt es sich aber auch um hohe, auf Dachgärten wachsende Sträucher. Beladen mit geraubten Waffen und irgendwelchen schwer bestimmbaren Stäben, marschieren die Plünderer aus der Stadt. Andere schleppen Mobiliar fort, schöne Stühle oder Tische in ägyptischem Stil mit geschnitzten Tierköpfen. Wieder andere sind im Hintergrund mit dem Ausmessen und Fällen von Bäumen beschäftigt: Für die Assyrer mit ihrem großen

Bei der Ausgrabung der Opferstätte (des Tophet) von Motye (einer Insel vor Sizilien) kamen einige der Tonurnen zutage, die noch die Asche von Kleinkindern und eben geborenen Tieren enthielten. Der Stein links ist eine Grabstelle, wie sie in der phönizischen Kolonie Motye in großer Zahl vorkommen.

Bedarf an Holz war anscheinend sogar der Baumbestand in einer phönizischen Stadt wert, mitgenommen zu werden.

Es ist unbekannt, um welche Stadt es sich auf dem so guterhaltenen Bild in Sanheribs Palast handelt. Aber es könnte Tyros sein, von dem bekannt ist, daß es um 700 v. Chr. den Zorn Sanheribs auf sich gezogen hatte. Welchen Ort das Relief auch darstellt, es vermittelt uns eine einzigartige Vorstellung von dem Aussehen einer phönizischen Stadt. Nur noch eine weitere Darstellung ist bekannt, ein weit primitiveres Relief auf einem Grab in Kap Bon in Nordafrika; aber es ist so roh ausgeführt, daß es als brauchbares Zeugnis für das tatsächliche Aussehen phönizischer Städte beinahe nicht in Betracht kommt. Die einzige Gemeinsamkeit mit dem großartigen Relief von Ninive besteht darin, daß man auch hier auf den Dächern der Häuser jene seltsamen runden Formen – Kuppeln oder Sträucher – zu erkennen glaubt.

Was das Innere einer phönizischen Stadt und das Leben in ihr angeht, so gibt es weder Reliefs oder sonstige bildliche Darstellungen noch schriftliche Aufzeichnungen irgendeiner Art. Hier ist man ganz auf Analogien zu zeitgenössischen Kulturen und Religionen angewiesen, auf die gelegentlichen Hinweise in der Literatur jener Kulturen sowie auf einige wenige phönizische Inschriften. Schließlich und vor allem muß uns die Archäologie helfen – d. h. die Grabungen der Forscher, die den unter der Erde liegenden Kulturschutt Schicht für Schicht freilegen. Zum Bedauern der Archäologen sind alle wichtigeren ostphönizischen Hafenstädte – Byblos, Berytos, Tyros und Sidon – noch bewohnt, so daß die antiken Viertel heute unter größeren modernen Siedlungen begraben liegen.

Die phönizische Stadt Sarepta. Wer als Besucher in dieses Land kommt, erkennt nicht sofort die wahre Situation. An den großen Fundstätten ist er rings von Ruinen umgeben, zumeist griechischen oder römischen. Er steht zwischen einzelnen, hier und da aufragenden Tempelsäulen, Freilufttheatern, gepflasterten Straßen, Bädern, Vorratskellern, Röhrenkanälen und den Fundamenten zahlloser kleiner Gebäude – und nichts von alledem ist phönizisch. Wo die Archäologen in Byblos Grabungen vornehmen konnten, brachten sie Teile einer Stadt der vorphönizischen Bronzezeit, aus der Zeit Rib-Addis oder noch früher, ans Licht. Das Phönizien, von dem dieses Buch handelt, d. h. die Seehäfen von 1200 v. Chr. und danach, ist bisher nirgends zutage gekommen.

1970 begann ein amerikanisches Archäologenteam mit Grabungen an einer Stätte knapp 13 Kilometer südlich von Sidon, die als die altphönizische Stadt Sarepta identifiziert wurde. Obwohl es nie ganz die gleiche Bedeutung errang wie Sidon, vielleicht weil sein Hafen kleiner und ärmer war, erlebte Sarepta schon um 1600 v. Chr. eine Blütezeit. Es bedeckte schließlich eine Fläche von mehreren hundert Morgen und hatte einige tausend Einwohner. Heute liegt darauf ein Weizenfeld, ein unbewohntes Stück Land. Damit bietet Sarepta den Archäologen eine bisher einzigartige Chance: ein phönizischer Hafen an einer Stelle, wo gegenwärtig niemand wohnt, der seine gründliche wissenschaftliche Erforschung hemmen könnte.

An welchem Punkt man an einer großen Grabungsstätte mit der Arbeit beginnt, ist immer ein Problem. Die Archäologen fingen mit einer schnurgeraden, schmalen Probegrabung an, die sie zufällig direkt in das Töpferzentrum von Sarepta führte. Es wurden 19 Brennöfen und massenhaft zerbrochene und mit Blasen bedeckte Tonware, die beim Brennen verdorben und weggeworfen worden war, gefunden. Bereits eine halbe Million Tonscherben sind mühselig katalogisiert und ihrer Form und genauen Fundstelle nach verzeichnet worden. Insgesamt stammen diese Scherben mit ihrer sich allmählich wandelnden Stilauffassung aus der kontinuierlichen Produktion eines Jahrtausends. Ihr absolutes Alter ist noch nicht bestimmt, jedoch hofft man hierzu in der Lage zu sein, sobald die Ausgrabungen auf breiterer Grundlage fortgeführt werden können. Erst wenn – falls es überhaupt möglich ist – genaue Daten über diese keramische Serienproduktion vorliegen, dürften sich viele Rätsel der phönizischen Existenz und Geschichte lösen, von denen eines der heikelsten das des Gründungsdatums von Karthago darstellt.

Gleich die erste Probegrabung ließ erkennen, daß zumindest in dieser phönizischen Stadt – aber wahrscheinlich auch in anderen – die verschiedenen Gewerbe und Handwerke in eigenen Vierteln konzentriert waren. Dieses Ordnungsschema herrscht heute noch in vielen Städten des Vorderen Orients vor, aber bisher fehlten die Beweise, daß es schon in den phönizischen Städten eingehalten wurde. Eine zweite in Sarepta vorgenommene Probegrabung, die sich allerdings noch im Anfangsstadium befindet, verspricht nicht minder interessant zu werden als die erste: Bei ihr wurde der Standort eines Heiligtums entdeckt.

Unbekannt ist bis jetzt noch die Art der Verteidigungsanlagen von Sarepta. Alle bedeutenderen phönizischen Städte waren von Mauern umgeben; bei der Ortswahl war stets die Möglichkeit eines feindlichen Angriffs einkalkuliert worden. Sarepta jedoch scheint gegen diese Regel zu verstoßen. Die Stadt liegt weder auf einer Insel noch auf einem Vorgebirge, was die Frage aufwirft, ob sie sich einem Angriff aus eigener Kraft widersetzen konnte oder im Notfall auf die Hilfe des benachbarten Sidon vertrauen mußte. Manches läßt darauf schließen, daß Sarepta während eines großen Teils seiner Geschichte unter der politischen Oberherrschaft Sidons stand. Man könnte sich vorstellen, daß es eine Art Vorstadt von Sidon war, so etwas wie eine antike städtische Gewerbezone ohne irgendwelche eigenen Verteidigungsanlagen. Vielleicht können weitere Grabungen diese Frage beantworten.

Die Inselfestung Tyros. Etwas Vergleichbares gab es 24 Kilometer weiter südlich an der Küste bei Tyros. Tyros, auf einer Insel erbaut, ist ein Musterbeispiel für die besonderen Gesichtspunkte, nach denen die Phönizier immer wieder in ihrer Geschichte bei der Anlage einer Stadt vorgingen. Die Insel lag weniger als eine halbe Meile vor der Küste. Sie war umgeben von niedrigen Felsriffen und Steinbänken, die sich zu Wellenbrechern für einen «Sommer-» und einen «Winterhafen» auf der Nord- und Südseite der Insel ausbauen ließen. Nicht weit davon erstreckte sich an der Küste entlang ein flacher Streifen überaus fruchtbaren Landes. Dieses Gebiet wurde von Tyros intensiv landwirtschaftlich genutzt und trug den Namen Uzu. Da Uzu schwierig zu befestigen war, wurde es immer wieder überrannt, wenn feindliche Eroberer ins Land fielen. Die Inselfestung Tyros selbst jedoch war schwerer zu besiegen. Von etwa 1000 v. Chr. an war Tyros annähernd 700 Jahre lang eine für ihre Befestigungen berühmte Stadt, uneinnehmbar vom Lande her wegen seiner Insellage und sicher vor jeder feindlichen Seemacht durch seine eigene starke Flotte. Es widerstand vielen Belagerungen und unterlag in seiner langen Geschichte nur dreimal.

Ein mutmaßlicher Grund für dieses erfolgreiche Standhalten liegt darin, daß befestigte Städte innerhalb mehrerer Jahrhunderte eine zunehmende Widerstandskraft gegen Belagerungen dadurch entwickelt hatten, daß sie Löschkalk als wasserfesten Putz verwandten. Dieses Material war um 1400 v. Chr. aufgekommen und fand zu der Zeit, als Tyros eine bedeutende Stadt geworden war, längst allgemein Verwendung bei der Anlage unterirdischer Zisternen, gleichgültig ob sie in den Fels gehauen oder aus Ziegeln gebaut wurden. Vor dem Aufkommen von Löschkalk gab es für eine Stadt nur eine Möglichkeit, zu einem großen unterirdischen Wasserbehälter zu kommen: Sie mußte ihn aus dem festen Felsgestein heraushauen. Ein Reservoir im felsigen Untergrund anzulegen, das groß genug war, den Wasserbedarf einer ganzen Stadt für Monate oder Jahre zu decken, war eine ungeheure Aufgabe, und dabei hatte man nie die Garantie, daß in den Wänden nicht irgendwelche Risse auftraten. Jetzt aber, dank der isolierenden Kraft des Löschkalks, konnte man sichere Zisternen anlegen, und zwar auch an Orten, wo es kein festes Felsgestein gab. Da der Mangel an frischem Wasser immer ein Problem darstellte in belagerten Städten, die keine Quellen innerhalb ihrer Mauern hatten, war die Verbesserung der Zisternen für Inselfestungen wie Tyros eine große Erleichterung.

Der Reichtum der Phönizierstädte lockt die Assyrer. Die Sorge um die Verteidigung war zu allen Zeiten ein Problem, das die phönizischen Städte beschäftigte. Sie lagen untereinander in einem ständigen Streit, sahen sich aber einer noch weit schlimmeren Bedrohung ausgesetzt: den immer wiederkehrenden Angriffen durch assyrische Heere aus Mesopotamien. Zwar war Assyrien neben Babylon und Persien nur einer von drei übermächtigen Erobererstaaten, die ihre Massen aus dem Osten heranwälzten, um die Küstenstädte zu verheeren. Aber die Assyrer waren bei weitem die schlimmsten. Sie hingen wie eine schwarze Wolke über dem Land und belasteten jahrhundertelang die Politik der Küstenstaaten, bestimmten das Schicksal ihrer Bewohner und Herrscher. Eine Zeitlang wurden Tyros, Sidon, Byblos und andere kleinere Städte durch ihre geographische Lage geschützt. Das syrische Reich und das Reich Israel mußten die Assyrer zuerst unterjochen, ehe sie zur Küste vorstoßen konnten. Die Bibel ist voll von den Kämpfen und Erschütterungen jener Jahre. Der Prophet Jesaja schrieb leidenschaftlich über sie; seine unerbittlichen Warnungen vor der Verzweiflung und Verfinsterung auf der Welt stehen vor dem Hintergrund plündernder assyrischer Armeen, die die Städte erstürmten und dem Erdboden gleichmachten.

«Ihre Pfeile sind scharf», sagte Jesaja von den Assyrern, «und alle ihre Bogen gespannt. Ihrer Rosse Hufe sind wie Kiesel geachtet und ihre Wagenräder wie ein Sturmwind. Ihr Brüllen ist wie das der Löwen, und sie brüllen wie junge Löwen; sie werden daherbrausen und den Raub erhaschen und davonbringen, daß niemand sich retten wird.»

Wie vorauszusehen, erreichten die Assyrer die Küste. Zunächst war die Lage noch einigermaßen erträglich. Zwar hatten die Eroberer während ihrer grausamen Kriegszüge im felsigen Hochland keinen Zweifel daran gelassen, daß sie Städte, die Widerstand leisteten, ohne Gnade und Barmherzigkeit behandeln würden. Andererseits hatten diejenigen, die die Oberhoheit des assyrischen Königs anerkannten, eine bedeutend mildere Behandlung zu erwarten. Tatsächlich machte sich einer der ersten Eroberer, Assurnasirpal II., um 880 v. Chr. die Mühe, 69574 Beamte, Gesandte, andere ausgewählte Würdenträger und auch einfache Geiseln aus verschiedenen Staaten, darunter auch aus Tyros und Sidon, zu einer gewaltigen Audienz zusammenzurufen, bei der er sie zehn Tage lang «mit den Mitteln versah, sich zu reinigen und zu salben. «Ich erwies ihnen die gebührenden Ehren und sandte sie wohlbehalten und zufrieden in ihre Heimatländer zurück.»

Da hier ein eitler Herrscher spricht, der seine Taten für alle Ewigkeit in Stein meißeln ließ, muß man die Qualität der von ihm erwiesenen Aufmerksamkeiten – ja selbst die Bereitwilligkeit seiner Gäste, sie hinzunehmen – wohl mit einiger Skepsis betrachten. Ob die Vertreter von Tyros und Sidon irgendwelche «Zufriedenheit» empfanden, sei dahingestellt. Sicherlich traten sie respektvoll auf, und sehr wahrscheinlich brachten sie Geschenke mit, sorgfältig so bemessen, daß sie Gnade vor den Augen des Herrschers fanden, aber wiederum auch nicht zu üppig, um nicht seine Gier zu wecken.

Was die Assyrer anlockte, war der Reichtum der Phönizierstädte, der sich nicht geheimhalten ließ. Wieder und wieder kamen sie, manchmal um «Aufstände» niederzuwerfen, die in Wahrheit nur in der Verweigerung der erdrückenden Tributzahlungen bestanden, manchmal aber auch ohne jeden

Vorwand. Ausnahmslos neigten sie zum Prahlen. Sie ließen Inschriften aufstellen, um sich und ihre Taten zu verewigen. Über seinen ersten Zug an die Küste um 840 v. Chr. schrieb der Assyrerkönig Salmanasser III.: «Ich zog bis zu den Bergen von Hauran, und ich zerstörte, riß nieder und verbrannte unzählige Städte und führte Beute aus ihnen fort, die niemand zählen kann ... Ich empfing den Tribut der Einwohner von Tyros, Sidon ...» Einige Jahre später schrieb er: «Ich zog gegen die Städte des Hazel von Damaskus. Vier von seinen größeren Orten eroberte ich. Ich empfing Tribut von den Einwohnern der Stadtstaaten Tyros, Sidon und Byblos.» Es fällt auf, daß er nicht behauptet, Tyros oder Sidon niedergebrannt zu haben. Vielleicht waren sie zu stark für ihn; wahrscheinlicher ist, daß sie sich seinen Abzug erkauften.

Während vieler Jahre assyrischer Belästigungen scheint sich ein Zustand friedlicher Beziehungen um den Preis vernünftiger Tributzahlungen herausgebildet zu haben. Furchtbare Aufstände tobten wenigstens ein Jahrhundert lang weiter im Landesinnern, doch die phönizischen Kaufleute schafften es offenbar, sich jene relative Sicherheit zu erkaufen, ohne die eine handeltreibende Gesellschaft nicht gedeihen kann. Es blieb jedoch nicht immer so, da die Nachfolger von Salmanasser III. mehr Machthunger entwickelten, als dieser gezeigt hatte. Mit Tributen waren sie nicht zufriedenzustellen; Eroberung war ihr Ziel. Im Laufe des 8. Jahrhunderts wurden tatsächlich einige kleinere Küstenstädte dem Assyrerreich einverleibt und unter die Herrschaft assyrischer Statthalter gestellt. Gegen Ende des Jahrhunderts geriet dann auch Tyros in Bedrängnis. Diese, möglicherweise stärkste Phönizierstadt regierte damals der bemerkenswert eigensinnige und unabhängige König Luli.

Von seiner sicheren Inselfestung aus hatte Luli, der zugleich König von Sidon war, in der Vergangenheit das Kommen und Gehen der Assyrer beobachtet und zumindest einer Belagerung widerstanden. Jetzt entschloß er sich, es ein zweites Mal darauf ankommen zu lassen, denn er rechnete sich aus, unbegrenzt lange gegen den assyrischen Angreifer Sanherib aushalten zu können. Aber diesmal irrte er sich. Einem Bericht zufolge wiegelte Sanherib die gesamte Küste gegen Tyros auf, bemächtigte sich einer Flotte von 60 sidonischen Schiffen und schloß Tyros vom Land und von der See her ein Fünf Jahre lang hielt Luli aus, dann mußte er schließlich kapitulieren und entkam nach dem nahen Zypern. Wir können keineswegs sicher sein, ob die in dem Bericht erwähnte Mitwirkung der übrigen phönizischen Städte an der Einnahme von Tyros eine kluge, ihnen durch Sanherib aufgenötigte Taktik war, um die eigene Haut zu retten, oder ob sie der erbitterten Feindschaft zwischen den Städten selbst entsprang.

Auf Sanherib folgte Asarhaddon und auf diesen ein nicht weniger machthungriger assyrischer König, Assurbanipal, der wiederum einen Zug gegen die Phönizier unternahm. Diesmal war das Schicksal der beiden bedeutend-

Auf dieser in Ninive gefundenen Reliefdarstellung transportieren Krieger Beute aus einer phönizischen Stadt ab. Die Stadt – vielleicht ist es Tyros – ist stark befestigt mit hohen Mauern und Türmen. Die Häuser sind zwei oder drei Stockwerke hoch. Die Fenster des Obergeschosses zeigen kleine Säulenreihen, ein beliebtes phönizisches Architekturmerkmal.

sten Küstenstädte möglicherweise umgekehrt. Sidon wurde niedergeworfen, ohne daß Hilfe von den Bewohnern von Tyros kam, die sich ganz darauf konzentrierten, sich selbst zu behaupten, bis eine Übereinkunft geschlossen werden konnte. Offenbar kam sie zustande. «Ich zog gegen Baal, König von Tyros», schrieb Assurbanipal. «Ich schloß ihn ein . . ., bemächtigte mich seiner [Zugänge] von der Land- und Seeseite. Ich schnitt ihnen die Lebensmittelversorgung ab und ließ sie Not leiden, und ich zwang sie unter mein Joch.» Trotz aller Prahlerei behauptet Assurbanipal nicht, Tyros' Mauern bezwungen zu haben. Man schloß einen Vergleich, in welchem König Baal sich bereit fand, eine Tochter und mehrere seiner Nichten, mit reicher Mitgift ausgestattet, dem Sieger als Konkubinen zu übergeben. Die jungen Prinzessinnen wurden nach Assyrien gebracht. Von der Stadt Tyros wurden nur die «Zugänge», d. h. die schlecht verteidigten Landwirtschaftsgebiete und Vorstadtsiedlungen wie Uzu und das nahegelegene Akka, zerstört. Eine Vorstellung davon, wie in jener Zeit Krieg geführt wurde, mag man aus einem Bericht gewinnen, den Assurbanipal vor seiner Abreise in Stein meißeln ließ: «Ich tötete diejenigen Einwohner von Uzu, die ihren Statthaltern ungehorsam waren, indem sie sich weigerten, die Tribute abzuliefern, die sie jährlich zu bezahlen hatten. Ich nahm mir diejenigen [Städte] unter ihnen vor, die sich nicht unterwerfen wollten. Ihre Bildwerke und überlebenden Einwohner führte ich als Beute nach Assyrien. Ich tötete die Einwohner von Akka, die sich nicht unterwerfen wollten, und hängte ihre Leichen an Pfähle, die ich um die Stadt hatte aufstellen lassen.»

Drei Phasen der Auseinandersetzung. Insgesamt gesehen, scheint es im Auftreten der Assyrer in Phönizien drei Phasen gegeben zu haben, die durch eine ständige Eskalation der Gewalttätigkeit und Grausamkeit gekennzeichnet sind. Bestand die erste noch in sporadischen Beutezügen und Eroberungen, nach denen die Assyrer zufrieden wieder abzogen, wenn sie aus den phönizischen Städten soviel Tribute wie möglich herausgepreßt hatten, so wurde in der zweiten Phase bereits der Grundsatz dauernder assyrischer Präsenz aufgestellt. Assyrische Statthalter oder Bevollmächtigte, bisweilen auch Marionettenkönige unter assyrischer Oberhoheit, residierten in den Stadtstaaten, um den regelmäßigen Eingang der Tributzahlungen sicherzustellen. In der dritten Phase gingen die Assyrer aus Unfähigkeit, Revolten und Tributverweigerungen zu verhindern, zur Zerstörung von Städten und Tötung oder Deportation ihrer Bewohner über.

Das Machtgefüge in den phönizischen Stadtstaaten. Dem unstillbaren Drang der Assyrer, sich auf Steintafeln zu verewigen, ist es zu verdanken, daß heute überhaupt einiges über die Menschen in den phönizischen Städten zur Zeit ihrer ärgsten Heimsuchung bekannt ist. Ohne Sanheribs Ruhmsucht z. B. wüßten wir nicht einmal von der Existenz eines Königs Luli. Angesichts so spärlicher Information sogar über die Herrscher wird es nur noch schwerer, sich ein Bild von der Art ihrer Herrschaft und von ihrer Machtfülle zu formen.

Daß sie Könige waren im eigentlichen Sinne des Wortes – d. h., daß ihr Amt erblich war –, können wir als sicher annehmen: Die Monarchie war die übliche Herrschaftsform in allen alten semitischen Reichen. Das Wort für König – *mlk* – ist – im Hebräischen und Phönizischen nahezu das gleiche. Es war ein inhaltsschweres Wort. Die Anerkennung als König verlieh einem

Sterblichen besondere Macht und sicherte ihm die Achtung und Ehrfurcht seiner Untertanen. Er stand in näherer Beziehung zu den Göttern als sie. In der Tat scheinen manche phönizische Könige eine bestimmte priesterliche Macht, die der weltlichen in nichts nachstand, für sich in Anspruch genommen zu haben. Ein tyrischer Hohepriester, Ithobaal, bemächtigte sich nach einer Reihe von Palastmorden des Thrones, aber wir hören nichts davon, daß er seine mächtige Priesterstellung nebst ihren Privilegien aufgegeben hätte, nachdem er König geworden war.

Wenn auch König und Hohepriester zweifellos beide die Spitze der phönizischen Gesellschaftspyramide bildeten, so hatte letzterer doch eine andersgeartete Autorität. Das Verhältnis der Phönizier zu ihren Göttern war vom Gedanken der Sühne beherrscht, d. h. sie fühlten sich verpflichtet, Opfer darzubringen, um sich ihr Wohlwollen zu erhalten und Unglücksfällen vorzubeugen. Im gleichen Maße wie die Götter fürchteten sie die Priester, die als deren Stellvertreter galten. Und sie, die Priester, waren schließlich diejenigen, die es verstanden, die Götter richtig zu behandeln.

Das ist der Grund, weshalb in allen antiken Gesellschaften die priesterliche Autorität ein so ungeheures Gewicht hatte. Zwar konnte der Priester nicht die Drohung augenblicklicher Verstümmelung, Einkerkerung oder Hinrichtung aussprechen, die ein König mit einem Wink seiner Hand befehlen konnte. Dafür aber verfügte er über eine nicht minder einschüchternde Waffe: die Laune der Gottheit, die er benutzen konnte, um Menschen – und sogar ihre Kinder und Kindeskinder – schrecklicher und endgültiger zu verkrüppeln und zu vernichten, als es irgendeinem König gegeben war. Diese Situation muß zu einem höchst interessanten Spannungsverhältnis zwischen König und Priester geführt haben. Wie die beiden ihre Machtsphären gegeneinander abgrenzten, wissen wir nicht. Möglicherweise hat es in weiten Bereichen verwandtschaftlich bedingte Überschneidungen gegeben.

Die soziale Gliederung der Wirtschaftsgesellschaft. Über eines müssen sie ganz sicher verfügt haben: über Reichtum. Macht und Reichtum sind in jeder Gesellschaft eng miteinander verflochten. In der Kaufmannswelt Phöniziens muß das in besonderem Maße der Fall gewesen sein. Eine auf Geld gestützte Aristokratie führte überall die Regierung. Mit anhaltendem Reichtum der Händler und Kaufleute bildeten sich in allen Städten adlige Familiendynastien und konstituierten eine herrschende Klasse, der bald priesterliche und andere Privilegien zuerkannt wurden. Einmal errungen, wurden diese Privilegien, zusammen mit dem Einfluß und Reichtum, den sie verliehen, zäh als «Rechte» behauptet.

Auf solche oder ähnliche Weise nahm die soziale Gliederung einer Gesellschaft, die in allen ihren Schichten wirtschaftlich orientiert war, feste Gestalt an. Unter dem phönizischen Adel stand eine Klasse geringerer Geschäftsleute, die *arrivistes* genannten Emporkömmlinge, ein ganzes Heer von Handwerkern, Händlern, Ladenbesitzern und Unternehmern aller Art. Darunter wimmelte es von Angehörigen der ärmeren Schicht der Gelegenheitsjäger und Habenichtse, die jede Wirtschaftsgesellschaft mit sich bringt. Ganz unten auf der Gesellschaftsleiter standen schließlich die Sklaven.

In welchem Umfang Sklaven in Phönizien gehalten wurden, läßt sich nicht genau sagen. Schriftliche Bezugnahmen auf sie fehlen fast ganz. Die wenigen noch erhaltenen Unterlagen sind auch nicht eindeutig, weil das Wort für Sklave ebensogut auf das Verhältnis eines Menschen zu einer Gottheit oder einem König angewendet werden konnte. Doch abgesehen davon war die Sklaverei als feste Einrichtung im Vorderen Orient weit verbreitet; sie kann daher auch für die libanesische Küstengegend angenommen werden. Tontafeln aus einer etwas früheren Periode, die in Ugarit und anderen Städten gefunden wurden, enthalten interessante Hinweise auf die Sklaverei: Freilassung – das Recht des Sklaven, sich freizukaufen, wenn er die dafür nötige Summe aufbringen konnte – war möglich. Weiter gab es unter Nachbarstädten Abkommen zur Auslieferung entlaufener Sklaven. Eine andere Quelle, Homer, berichtet, daß die Phönizier Sklavenhandel betrieben. Hauptsächlich rekrutierte sich der Markt aus Kriegsgefangenen, wenn es auch anscheinend einen stetigen Zustrom von Angehörigen einer gewissen phönizischen Bevölkerungsschicht gab, die sich selbst als Sklaven feilboten, weil sie als Freie wirtschaftlich nicht existieren konnten.

Alle anderen Phönizier waren natürlich freie Bürger ihrer jeweiligen Vaterstadt. Es wird vermutet, daß die politische Lebensform der Phönizier, wie bei den Griechen, der Stadtstaat war. Sollte dies richtig sein, ist es eine weitere Erklärung dafür, daß «Phönizien» sich nie zu einem Staat im eigentlichen Sinne entwickelte. Jede einzelne Stadt war viel zu sehr mit ihren eigenen Angelegenheiten, ihrer individuellen Besonderheit beschäftigt. Jede war darauf bedacht, ihre Vorrangstellung zu halten, und keine hätte sich freiwillig in ein Königreich eingliedern lassen, das aus einem großen Territorium und einer Vielzahl von Städten zusammengesetzt wäre. In einem Stadtstaat dagegen ist das Bürgerrecht ein kostbares Gut. Das Bürgerrecht zu besitzen bedeutet, in der Theorie wenigstens, ein Mitspracherecht in allen öffentlichen Angelegenheiten zu haben. Es ist eine ganze Menge darüber bekannt, wie es griechischen Poleis gelang, sich aus höchst autoritären, tyrannisch oder oligarchisch regierten kleinen Stadtstaaten zu Gemeinwesen zu entwickeln, in denen auch die niederen Bürgerklassen ein Stimmrecht hatten und es tatsächlich ausübten.

Es gibt Hinweise dafür, daß sich ähnliches auch in Ost- bzw. Westphönizien vollzog; in welchem Umfang dies geschah, ist jedoch unbekannt. In Tyros besaßen mindestens um 800 v. Chr. die gewöhnlichen Bürger eine gewisse Macht. Sie waren stark genug, einem ihrer Könige namens Pygmalion den nötigen Rückhalt zu geben, um sich in einem Palastkampf gegen seine von einer Clique reicher Aristokraten unterstützte Schwester Elissa auf dem Thron zu behaupten. Ihr Mann (übrigens ein Hohepriester) wurde von Pygmalion ermordet, und Elissa floh mit ihren Anhängern gen Westen, nach Afrika, wo sie die neue Stadt Karthago gründete.

Etwas später in der Geschichte von Tyros, um 600 v. Chr., lag die Stadtregierung, wie man weiß, in den Händen eines Gremiums von Verwaltungsbeamten mit bestimmten richterlichen Vollmachten, den Sufeten. Zwar regierten sie Tyros nur für wenige Jahre und wurden der Stadt zu einem Zeitpunkt aufgezwungen, als sie von den Babyloniern unterjocht war, aber allein die Tatsache, daß der Bürger Zuflucht zu Sufeten nehmen konnte, deutet darauf hin, daß das Amt schon vorher bestand und in gewissem Maße stark genug war, die königliche Autorität aufzuwiegen. Überdies hatte Karthago, eine Gründung tyrischer Flüchtlinge, sogar schon vor 600 v. Chr. Sufeten. Allem Anschein nach wurde das Amt von Tyros dorthin verpflanzt, denn eine Einwirkung in dieser Richtung ist eher anzunehmen als umgekehrt von der Kolonie zurück auf die Mutterstadt. Schließlich spricht manches dafür, daß es in Karthago selbst nie Könige im herkömmlichen Sinne gab. Mit Sicherheit war spätestens um 550 v. Chr. der leitende karthagische Staatsmann – bezeichnenderweise ein Heerführer – sowohl einem Rat als auch einem Senat von 300 Mitgliedern verantwortlich und trug nicht den Titel «König».

Auf Grund dieser bruchstückhaften Zeugnisse kann man vermuten, daß im gesamten phönizischen Bereich irgendeine Form von sozialem Fortschritt, verursacht durch die Zersetzung der Königsmacht, stattgefunden haben muß. Ohne Zweifel wurde er jedoch an der levantinischen Küste durch besondere Umstände verlangsamt.

Die Phönizier unter der Herrschaft verschiedener Mächte. Um die Zeit, als in Griechenland und Rom die neuen Ideen des Wahlrechts und der Demokratie aufkamen, ergab sich Assyrien den Babyloniern. Die phönizischen Städte gerieten in wachsendem Maße unter die Knechtschaft babylonischer Herrscher und anschließend deren Besieger, der Perser. Die babylonischen wie die persischen Despoten waren extreme Absolutisten. Für Nebukadnezar II. oder Darius den Großen wäre es unvorstellbar gewesen, daß irgend jemand ihnen vorgeschrieben hätte, was sie tun sollten. Die Phönizier versuchten mit so unnachsichtigen Herrschern so gut wie möglich auszukommen. Wenig Erfolg hatten sie darin bei dem Babylonier Nebukadnezar, einem Herrscher von entsetzlicher Grausamkeit. Ihm war 572 v. Chr. endlich die zweite der drei Belagerungen von Tyros gelungen, denen die Stadt nachgeben mußte – nach vollen 13 Jahren. Besser gelang es mit dem Perser Darius, der einsichtiger war und den phönizischen Königen ein beträchtliches Maß an Autonomie einräumte. Trotzdem ging die Entwicklung immer mehr dahin, daß die phönizischen Fürsten, angesichts massiven Drucks aus dem Osten, zu einer Art verlängertem administrativem Arm des jeweiligen

Herrschers bei der Eintreibung der Tribute wurden. Jener hatte bei dem phönizischen König seinen persönlichen Vertreter, dessen Aufgabe darin bestand, alles zu beobachten und darüber Bericht zu erstatten. Einmal ging der assyrische König Asarhaddon so weit, König Baal von Tyros zu belehren: «Du sollst nicht [irgendeinen] Brief, den ich dir sende, ohne den Vertreter des Königs öffnen. Wenn der Vertreter des Königs abwesend ist, so warte auf ihn und öffne den Brief erst dann.»

Indessen galt diese Aufsicht doch nur der Kontrolle an der Spitze und der Gewährleistung regelmäßiger Tributzahlung. In welcher Weise die Phönizier ihre Alltagsangelegenheiten regelten, interessierte den Vertreter der Großmacht vermutlich nur wenig, und wie dies im einzelnen geschah, vermag man heute nicht mehr zu sagen. Der König hatte einen Ältestenrat, der ihn beriet, und einen «Gouverneur», in Wirklichkeit einen Verwaltungsbeamten, um die Regierung der Stadt und den Hofhaushalt zu beaufsichtigen. Darüber hinaus sind die Kenntnisse spärlich. Es ist unbekannt, was für ein Justizsystem eine phönizische Stadt hatte, wie ihre Verwaltung organisiert war, welche Titel und Pflichten die Beamten hatten (abgesehen von dem Gouverneur), wie die bürgerliche Ordnung aufrechterhalten wurde, ja sogar, wer für die Kosten aufkam und in welcher Form. Zusätzlich zu den von Mesopotamien auferlegten Tributen muß es lokale Steuern gegeben haben. Ein Beweis dafür kommt aus Ugarit, dessen Tontafeln verschiedene Arten von Steuern aufzählen und auch – man fühlt sich an heute erinnert – Möglichkeiten, sie zu umgehen.

Das Geschäftsleben. Zwei Dinge sind ziemlich sicher: Erstens, da das Geschäftsleben etwas war, womit sich alle Phönizier befaßten, war die ganze Gesellschaftsverfassung sicherlich darauf zugeschnitten, die in ihm auftretenden Probleme zu lösen. Es muß eine ziemlich differenzierte Sachkenntnis im Abschluß von Verträgen und Vereinbarungen gegeben haben und einen ebenso hochentwickelten Apparat, der auf der Grundlage einer zivilrechtlichen Gesetzgebung mit der Beilegung von Auslegungsschwierigkeiten und Differenzen befaßt war, die bei Handelsunternehmungen an der Tagesordnung sind. Es ist anzunehmen, daß die Phönizier ein zur Abwicklung von Zivilrechtsprozessen geeignetes Gerichtssystem hatten.

Zweitens kann man davon ausgehen, daß sich Macht, Privilegien und Begünstigungen – oder wie man es sonst nennen mag – eindeutig auf die wirtschaftliche Oberschicht konzentrierten. Immer wieder wird auf hochgestellte Personen und Aristokraten Bezug genommen. Wo Titel sind, lassen die Privilegien nicht auf sich warten, und es kann kein Zweifel bestehen, daß die Gesetze die Aristokratie begünstigten.

Und doch setzt die Idee des Stadtstaates – dessen Bürgerrecht Privileg und auch Verantwortung bedeutet – notwendigerweise einen Egalitarismus irgendeiner Art voraus. Es muß ihn auch in den phönizischen Städten gegeben

Athenisches Vierdrachmenstück, um 520 v. Chr.

Lydischer Stater, um 570 v. Chr.

Persischer Dareikos, um 480 v. Chr.

Tyrischer Schekel, um 460 v. Chr.

Punischer Stater, um 350 v. Chr.

Die Einführung der Münzprägung durch andere Völker erwies sich für Händler wie die Phönizier als segensreich. Die ältesten im Mittelmeerraum gefundenen Münzen sind lydisch oder griechisch. Da das Gewicht und nicht die Größe zählte, handelt es sich bei den frühesten Münzen um unregelmäßige Klumpen mit einem aufgeprägten Bild, das ihren Wert garantierte. Solch ein Klumpen ist die Münze oben rechts; sie besteht aus Elektrum, einer Silber-Gold-Legierung. Die griechische Münze daneben stammt aus Athen. Persiens erste Münzen stammen aus der Zeit um 480 v. Chr. und zeigen das Bild eines laufenden Königs. Der Tyrische Schekel wurde 460 v. Chr., der Punische Stater um 350 v. Chr. geprägt.

haben. Folglich stellt sich die Frage: Auf wen erstreckte sich der Gleichheitsgedanke in der Gesellschaft? Höchstwahrscheinlich auf alle Bürger, wenn auch in abgeschwächter Form, je weiter man in der Wohlstandsschichtung nach unten geht. Was eine Kaufmannsaristokratie vor der Erstarrung bewahrt, ist ihre Durchlässigkeit. Jeder – d. h. jeder, der im Besitz des Bürgerrechts ist – kann sich zu ihr hinaufarbeiten, einfach dadurch, daß er ein reicher Mann wird.

Eine phönizische Stadt. In einer solchen Gesellschaft, in der Arme und Reiche gleichermaßen als Handwerker, Bankiers, Schiffer und Tauschhändler tätig sind, kann man sich allmählich ein Bild von dem rastlosen phönizischen Alltag machen. Für die Masse der Bewohner von Sidon, Tyros oder Sarepta kann sich das Leben nicht wesentlich von dem heutigen bunten Basartreiben levantinischer Städte unterschieden haben – mit ihren familienbetriebenen Glas-, Keramik-, Goldschmiede-, Metall- und Holzbearbeitungswerkstätten, alle eng zusammengedrängt in eigenen Quartieren (wie die an einer Stelle gehäuften Keramikfunde in Sarepta vermuten lassen). Das Warenangebot wird auf überfüllten Ständen feilgeboten worden sein, wobei es sicher nicht ohne Geschrei und Feilscherei, zum großen Teil auf offener Straße, abging. Die Straßen waren vermutlich eng (wie schon in dem älteren Byblos) und die Häuser recht bescheiden. Bei Inselstädten wie Tyros führte der beschränkte Platz, bei den auf dem Festland liegenden Städten der Wunsch nach möglichst leicht zu verteidigenden Mauern dazu, daß Wohnen und Arbeiten sich auf engstem Raum zusammendrängten.

Warenstapel, Schiffsbau und -reparatur, Schiffsbedarfshandel und so spezialisierte Gewerbe wie Seilerei und Holzlagerung waren bedeutende Zweige des phönizischen Erwerbslebens. Für einen großen Teil dieser Erwerbszweige blieb innerhalb der Stadtmauern kein Platz. In einer pulsierenden Industrie- und Handelsstadt wie Tyros drängte sich das Leben teils auf der winzigen Inselfestung selbst zusammen und breitete sich teils in vermutlich größerem Stil auf dem Festland aus. Zwischen beiden Stadtteilen muß ein dichter regelmäßiger Bootsverkehr bestanden haben. Die Färberwerkstätten z. B. lagen auf dem Festland; die – überaus kostbare – fertige Ware hingegen wurde anscheinend, weil sie bei einer Lagerung auf dem Festland gefährdet gewesen wäre, auf der Insel gestapelt, wo man sie bewachen konnte.

Ein weiteres Problem war die Belieferung mit Lebensmitteln vom Festland. Die Bewohner von Tyros aßen zwar viel Fisch, aber ihre pflanzliche Nahrung kam aus einem von der Stadt kontrollierten ebenen Stück Ackerland an der Küste, wo intensiv Getreide, Wein, Dattelpalmen, Oliven- und Feigenbäume angebaut wurden. Das meiste davon hätte man auch auf der Insel anpflanzen können, aber vermutlich nicht in ausreichenden Mengen, um die Bevölkerung der Stadt zu versorgen. Auf der kleinen Insel, die fast gänzlich Tempeln, Palästen, Regierungsgebäuden, Privathäusern und den

Erfordernissen des Handels vorbehalten war, bestand vorrangig Bedarf an «gewerblichen» Flächen.

Von der Keilschrift zum Alphabet. Da Papyrus in einem Klima wie dem ostphönizischen keine lange Lebensdauer hat, ist von dem mit dem Geschäftsleben verbundenen Schriftverkehr oder von Akten der Phönizier nichts erhalten. Länger hält sich die an der Sonne getrocknete Tontafel, aber auch sie zerfällt mit der Zeit, wenn sie nicht im Brennofen künstlich gehärtet ist. Außerdem benutzten die phönizischen Geschäftsleute, die immer in Eile waren, Tontafeln vermutlich nur sehr selten. Sie führten ihre Bücher zumeist auf dem bequemer zu handhabenden und leichter aufzubewahrenden – aber eben auch vergänglicheren – Papyrus, der einen Hauptimportartikel aus Ägypten darstellte.

Der Übergang von einem Schreibmaterial zu einem anderen bedingt gewöhnlich auch einen Wechsel der Schriftzeichen. Die Schrift war lange vor dem Auftreten der Phönizier in Mesopotamien entwickelt worden, wo Papyrus schwer zu bekommen, Tonerde dagegen im Überfluß vorhanden war. So entsprach diese Schriftart dem letzteren Material aufs beste. Tonerde ist weich. Dünne, runde Linien in ihre Oberfläche zu kratzen ist schwierig; dagegen lassen sich mühelos kleine, gerade Vertiefungen darin eindrükken. Die mesopotamischen Schreiber benutzten zu diesem Zweck ein spezielles Schreibgerät, das keilförmige Eindrücke hinterließ. Diese Einkerbungen – die, angeordnet in verschiedenen Mustern, eine Vielzahl von Zeichen bildeten – gaben der mesopotamischen Schrift den Namen «Keilschrift».

Keilschriftzeichen sind zwar ideal für Tontafeln, eignen sich aber wegen ihrer Kompliziertheit nicht besonders zum raschen, bequemen Schreiben auf Papyrus. Daher gingen die Phönizier (und vermutlich bereits ihre unmittelbaren Vorgänger) mit einem gänzlich neuen Schreibmaterial auch zu einem anderen System aus einfacheren Zeichen über, das sich für den neuen Schreibstoff besser eignete. Dieses neue Zeichensystem führte zum heutigen Alphabet – einer der größten kulturellen Errungenschaften des Menschen, die weithin den Phöniziern zugeschrieben wird. Ganz so einfach liegt der Fall indessen nicht. Die Phönizier «erfanden» das Alphabet nicht, hatten aber einen großen Anteil an seiner Weiterentwicklung.

Soweit die Wissenschaft hierüber Genaues sagen kann, stehen am Beginn der menschlichen Schrift primitive Bildzeichen: ein Mann, eine Kuh, ein Speer. Mit der Zeit wird ein Bildzeichen so vereinfacht oder stilisiert, daß es nicht mehr einem Mann gleichsieht. Aber es bedeutet immer noch «Mann» für den, der das Zeichen wiederzuerkennen – d. h. das Geschriebene zu lesen – vermag. Ein weiterer Schritt in der Entwicklung ist es, wenn jene stilisierten Zeichen nicht mehr für Dinge, sondern für Lautwerte stehen. In diesem Moment kann das Lautzeichen für «Mann» einen vielfachen Zweck erfüllen: Durch Kombination mit anderen Lautzeichen lassen sich gänzlich neue

Wörter bilden. Beispielsweise entsteht aus der Verbindung des Lautzeichens «Mann» mit den beiden Lautzeichen «tal» und «is» das neue Wort «Talisman» usw.

Gegen 2500 v. Chr. hatte die mesopotamische Keilschrift, allgemein als die älteste bekannte Schrift anerkannt, bereits einen Punkt der Entwicklung erreicht, wo sie auf abstrakten Mustern aus keilförmigen Lautzeichen beruhte, insgesamt zwei– bis dreitausend. Für den Uneingeweihten sehen sie wie die Buchstaben eines seltsamen Alphabets aus. Aber ein Alphabet besteht aus individuell geformten Buchstaben – Einzellautzeichen, die sich nicht weiter vereinfachen oder reduzieren lassen. Diese Stufe hatten die mesopotamischen Schriftzeichen noch nicht erreicht. Einige von ihnen gaben vollständige Wörter wieder, andere Silben, aber keines stellte einen individuellen Buchstaben dar. Deshalb kann man eine Liste mesopotamischer Schriftzeichen ein Syllabar oder eine Silbentabelle, nicht aber ein Alphabet nennen.

Im Laufe der Zeit schrumpfte die Zahl der Wortzeichen im mesopotamischen Syllabar, während der Anteil der Silbenzeichen zunahm. In der assyrisch-babylonischen Zeit bestand das Syllabar nur noch aus 600–700 Zeichen, von denen rund 150 Silben wiedergaben, wie etwa «we» oder «wa», «mu» oder «mo», «rid» oder «red». Selbstverständlich konnten diese mit anderen Silben kombiniert werden, um buchstäblich Tausende neuer Wörter zu bilden.

Die Keilschrift verbreitete sich über große Teile des Vorderen Orients und wurde in viele Sprachen übernommen. Spätestens um 1500 v. Chr. benutzten die Bewohner von Ugarit sie auf ihren Tontafeln. Unter ihren Händen wurde sie so rationalisiert, daß sie mit nur noch 25–30 umgestalteten Zeichen auskam. Oberflächlich betrachtet, glichen sie den alten mesopotamischen Silbenzeichen, aber ihrem eigentlichen Wesen nach waren sie etwas ganz anderes. Sie waren immer weiter reduziert und vereinfacht worden, bis sie – mit einigen wenigen Ausnahmen – nur noch Einzelkonsonanten bezeichneten.

Die Ugariter waren, wie die Israeliten und später die Phönizier, ein semitisches Volk, und ihre Sprache war ein Dialekt der gemeinsamen Muttersprache: des Nordwestsemitischen. Beim Schreiben der verschiedenen nordwestsemitischen Dialekte ist es möglich, ohne Vokalzeichen auszukommen, daher ließen die Phönizier und ihre Nachbarn sie fort. Sie folgten hierin offenbar dem Beispiel der Ägypter, die ebenfalls keine Vokale schrieben und diese Sitte vielleicht an Städte wie Ugarit und Byblos weitergaben, mit denen sie lange in Kontakt standen. Aber die phönizischen Küstenstädte waren offensichtlich intelligent genug, mit dieser ägyptischen Schreibgewohnheit nicht auch die ägyptischen Schriftzeichen zu übernehmen. Ägypten war in einem komplizierten System von bildlichen Hieroglyphen stekkengeblieben, die in die Hunderte gingen und die zu malen viel Zeit erforderte. Nur etwa 25 von ihnen waren wirkliche Lautsilbenzeichen. Wahrscheinlich entnahmen die Phönizier diese kleine Zahl von Lautsilbenzeichen dem ägyptischen Zeichenvorrat und schufen aus ihnen ein «Alphabet». Mehr noch: Sie hielten sich nicht mit den kunstvoll-komplizierten ägyptischen Hieroglyphen auf, den Bildzeichen für Vögel, Menschen und Trinkgefäße, sondern ersetzten sie durch weit einfachere Zeichen, die sie selbst erfunden zu haben scheinen: Kreise, Kreuze, Schräglinien – Symbole, die unseren Buchstaben ähnlich sehen und die ein Buchhalter rasch auf Papyrus kritzeln konnte.

Das Wort Alphabet im vorangehenden Absatz ist in Anführungsstriche gesetzt, weil das phönizische Modell noch keine Vokale enthielt, sondern nur Konsonanten – genau 22. Zu einem vollen Alphabet gehören aber Vokale, und genau genommen gebührt das Verdienst, es entsprechend weiterentwickelt zu haben, den Griechen; sie übernahmen die phönizischen Lettern und fügten einige Zeichen für Vokale hinzu. Das war nun endlich das Alphabet.

Nur geringe schriftliche Überlieferungen. Trotz ihres ungeheuren Beitrags zur Entwicklung der Schrift ist das schriftliche Erbe, das die Phönizier hinterlassen haben, aus den schon erörterten Gründen sehr gering. Der älteste bekannte Text in phönizischer Schrift, der mehr als nur ein paar Wörter umfaßt, ist eine Inschrift auf einem großen, in Byblos gefundenen Steinsarkophag. Er sollte die Gebeine von König Ahiram (nicht zu verwechseln mit Hiram von Tyros) aufnehmen, der zu Beginn des 10. Jahrhunderts in Byblos regierte. Als man die Inschrift entzifferte, stellte sie sich als eine Warnung an die Lebenden heraus und belegte alle mit einem Fluch, die das Grab zu öffnen versuchten. Andere erhaltene phönizische Schriftzeugnisse sind ebenfalls größtenteils Inschriften, die meistens auf kleinen Steindenkmälern, sogenannten Stelen, eingemeißelt sind. Sie bestehen aus kurzen Widmungen an einen Gott oder eine Göttin und gleichen sich ziemlich genau. Aus ihnen ist, neben einer Reihe von Namen phönizischer Einzelpersonen, nur zu erfahren, daß sie ihren Göttern eifrig solche Denkmäler errichteten. Das reichhaltige Tontafelarchiv von Ugarit teilt zweifellos eine Menge über die phönizische Religion mit, aber es sollte noch einmal betont werden, daß Ugarit nach Ansicht vieler Wissenschaftler noch nicht in den zeitlichen Rahmen der phönizischen Geschichte gehört. Auch liegt hier nicht ein «phönizisches» Schriftdenkmal vor: Die Tafeln sind in der Sprache der Ugariter und anderen Dialekten abgefaßt und sämtlich in Keilschrift beschrieben. Diese präphönizische Stadt wurde offensichtlich zerstört, bevor Papyrus dort die Tontafel ablösen konnte, und so wurde die mesopotamische Schriftart beibehalten. Von denjenigen phönizischen Dokumenten, aus denen man tatsächlich etwas erfahren würde, nämlich Geschäftsberichten, Erzählungen, Gesetzestexten, Chroniken, Königsurkunden – alle vermutlich auf Papyrus geschrieben –, ist in Phönizien nicht das geringste mehr vorhanden.

Das phönizische Alltagsleben. So bleibt offen, was die Menschen zum Frühstück aßen, wo sie sich zum täglichen Klatsch trafen und worüber sie klatschten. Es ist nicht einmal etwas über ihre Kleidung bekannt. Es gibt zwar assyrische und ägyptische Abbildungen, auf denen Phönizier mit aller Sorgfalt dargestellt sind, aber sie porträtieren in der Regel hochgestellte Persönlichkeiten: Handelsemissäre, Tributüberbringer, vornehme Gefangene. Alle tragen kleiderartige, lange Gewänder, reich bestickt und gewöhnlich von einem breiten Gürtel gehalten. Ihre Ähnlichkeit mit der offiziellen Tracht anderer Völker im Vorderen Orient ist groß. Es gibt aber keinen Hinweis, was ein Zimmermann bei seiner täglichen Arbeit trug oder wie die Kleidung der Frauen war. Zwar gibt es in Museen eine beträchtliche Anzahl kleiner weiblicher Statuetten, Tonmodelle und Elfenbeinschnitzereien phönizischer Herkunft, aber die meisten davon stellen wahrscheinlich Göttinnen dar.

Es wird vermutet, daß die phönizischen Männer bärtig waren und ihr Haar lang und sorgfältig gelockt trugen. Schmuck wurde wahrscheinlich sehr reichlich verwendet, da die Phönizier ihn in ungeheuren Mengen fertigten – und handelten. Ihr Schmuck umfaßte Fingerringe, Armreifen, Ohrringe, Halsketten sowohl aus Perlen als auch aus Metallgliedern und Anhänger aller Art, darunter die flachen, kreisrunden oder ovalen Platten, die man als Bruststücke kennt: Auf der Brust getragen, hingen sie an einer feingearbeiteten Halskette und waren mit Email, Edelsteinen oder kunstvoll eingravierten Mustern verziert.

Bei jeder Spekulation über die phönizische Kleidung muß man sich über drei Punkte im klaren sein. Erstens: Ihre eigenen Darstellungen bekleideter Figuren geben, wie gesagt, meistens Götter oder Göttinnen wieder und brauchen kein zuverlässiger Beweis für die tägliche Kleidung zu sein. Zweitens: Die Phönizier übernahmen nicht nur einfach, sondern sie übernahmen mit Überlegung, immer in dem Bestreben, die Wünsche ihrer Kunden hinsichtlich des Stils möglichst zufriedenzustellen. Obwohl viele phönizische Produkte in der Wiedergabe der Kleidung und sogar der Haartracht einen starken ägyptischen oder mesopotamischen Einschlag verraten mögen, darf man deshalb hieraus noch nicht den Schluß ziehen, die Phönizier selbst hätten sich ebenso gekleidet wie die von ihnen kopierten Vorbilder. Und drittens: Die Welt wandelte sich im Laufe der phönizischen Geschichte. Das Phönizien der Frühzeit war in seinem ganzen Habitus orientalisch; dasjenige der Spätzeit wurde in dem Maße hellenistisch, wie Griechenland emporkam. Griechische Art und griechischer Geschmack übten auf den gesamten Mittelmeerraum eine ungeheure Anziehungskraft aus. Die spätphönizischen und karthagischen Fundstätten lassen keinen Zweifel, daß die eigenen kulturellen Traditionen sich mit dem Hellenismus nicht messen konnten, der sich seit etwa 400 v. Chr. über die mittelmeerische Welt ausbreitete. Auf Sarkophagen und in der übrigen Bildhauerkunst macht sich der Einfluß der griechischen Kunst allmählich bemerkbar. Die griechische Mode dringt langsam vor. Griechische und phönizische Götter beginnen zu verschmelzen und können nur noch schwer auseinandergehalten werden. Sogar griechische Mosaiken hat man auf den Böden phönizischer Häuser gefunden.

Aber all dies war erst sehr spät. Bevor sie von den Babyloniern unterdrückt wurden, erlebten die phönizischen Häfen ihre Blütezeit – ganz besonders Tyros. Man hätte es das Paris des Altertums nennen können. Es war ein Zentrum des Luxus, ein Ort, wo von allem das Beste versammelt war, wo die hervorragendsten phönizischen Künstler und Handwerker arbeiteten.

Tyros – das Zentrum der Mittelmeerwelt. Der alttestamentliche Prophet Hesekiel gibt davon, in einer leidenschaftlichen Anklage dieser reichen, pulsierenden Stadt, eine staunende Schilderung, zählt den überwältigenden Reichtum der Waren und Erzeugnisse und das nicht weniger überwältigende Netz der Handelsverbindungen auf. Hier ein paar Abschnitte aus seiner großen Rede:

«Tyros, du hast gesprochen: ‹Ein Prachtschiff bin ich, vollendet schön.› Groß machten dich inmitten des Meeres deine Erbauer, vollendet schön. Aus Zypressen vom Senir bauten sie dir all deine Planken, eine Zeder vom Libanon nahmen sie, dir einen Mastbaum zu zimmern. Von Eichenholz aus Basan machten sie deine Ruder; dein Verdeck ist Elfenbeinarbeit, eingelegt in Buchsbaumholz von den Gestaden der Chittäer. Buntgewirkter Byssus aus Ägypten war dein Wimpel, daß er dir als Abzeichen diene; blauer und roter Purpur von den Gestaden Elisas war deine Bedachung. Die Bewohner von Sidon und Arwad dienten dir als Ruderknechte; die Kundigsten von Zamar waren auf dir, sie waren deine Steuerleute. Die Ältesten von Gebal und seine Weisen besserten deine Lecke aus. Alle Meerschiffe mit ihren Matrosen waren in dir, Tauschhandel mit dir zu treiben. Leute von Paras, Lud und Punt waren in deinem Heere als deine Krieger; Schild und Helm hängten sie in dir auf, die bildeten deine Zier. Die von Arwad und Hethlon waren auf deinen Mauern ringsum und Zamariter auf deinen Türmen.»

«Tharsis trieb Handel mit dir wegen der Menge all deiner Güter; Silber, Eisen, Zinn und Blei lieferte es dir als Tauschware. Jawan, Thubal und Mesech handelten mit dir: Sklaven und kupferne Geräte lieferten sie dir zum Austausch. Die vom Stamme Thogarma lieferten dir Zug- und Reitpferde und Maultiere als Tauschware. Die von Rhodos handelten mit dir. Viele Gestade trieben Handel für dich; Elfenbeinzähne und Ebenholz entrichteten sie dir als Tribut. Edom trieb Handel mit dir wegen der Menge deiner Waren; Rubine, roten Purpur, Buntwirkereien, Byssus, Korallen und Granate lieferten sie dir als Tauschware. Juda und das Land Israels handelten mit dir; Weizen und Gummi und Wachs, Honig und Öl und Balsam lieferten sie dir zum Austausch. Damaskus trieb Handel mit dir wegen der Menge all deiner Güter; Wein von Helbon und Wolle von Zahar lieferten sie dir als Tauschware. Aus Usal kamen Eisenbarren, Kassia und Würzrohr für dich zum Austausch . . .»

«Die Araber und alle Fürsten von Kedar trieben Handel für dich mit Lämmern, Widdern und Böcken; damit waren sie deine Händler. Saba und Ragma trieben Handel mit dir; die köstlichste Spezerei, allerlei Edelsteine und Gold lieferten sie dir als Tauschware. Haran, Kanne und Eden trieben Handel mit dir, ebenso Assur und ganz Medien. Handel in Prachtgewändern, in Mänteln von blauem Purpur und Buntwirkereien, in buntfarbenen Teppichen und gedrehten, festen Tauen trieben sie mit dir.»

Der Wendepunkt in der phönizischen Geschichte. Das ist Phönizien auf seinem absoluten Höhepunkt, in seiner ganzen lebendigen Fülle, gesteigert noch durch Hesekiels düstere Prophezeiung der Unterjochung durch Babylonien, die in der Tat 572 v. Chr. eintreten sollte.

Jener Überfall durch Babylon bezeichnet einen Wendepunkt in der phönizischen Geschichte. Tyros erlebte eine schreckliche Zeit und erholte sich nur langsam von der furchtbaren 13jährigen Belagerung, die Nebukadnezar II. über die Stadt verhängte. Nie wieder sollte es sich zur ersten Stadt der phönizischen Welt erheben. Tyros' Kolonie Karthago, weit im Westen außerhalb der Reichweite assyrischer oder babylonischer Zerstörer, bestand zu dieser Zeit schon fast 250 Jahre und war größer und mächtiger als Tyros selbst geworden. Von nun an sollte Westphönizien, das sich in kultureller, politischer und wirtschaftlicher Hinsicht immer weiter vom Mutterland entfernte, seinen eigenen geschichtlichen Weg gehen. Mehr und mehr sollte es Ostphönizien auf dem Mittelmeer überschatten.

Trotzdem waren die alten Handelshäfen noch längst nicht am Ende. Stillhalten und Anpassung war stets ihre Politik auf lange Sicht gewesen. Man biß die Zähne zusammen und ertrug die Babylonier.

Phönizien unter den Persern. Im Jahre 539 v. Chr. unterlag Babylon den Persern, und die Phönizierstädte stellten sich rasch darauf ein, sich mit dem neuen Sieger zu arrangieren. Zu ihrer ungeheuren Erleichterung erwiesen sich die Perser als ein relativ umgängliches Volk mit vernünftigen Vorstellungen von der Lenkung eines Weltreiches. Natürlich forderte Persien weiterhin Tribute, es schlug Phönizien sogar einer seiner Satrapien (Provinzen) zu. Aber es erkannte auch klug die strategische Bedeutung des Gebiets für seine weiterreichenden Pläne und erlaubte den phönizischen Königen, ihre Staaten selbst zu regieren. Tatsächlich wurden sie fast in den Rang von Verbündeten erhoben. Bereitwillig stellten sie den Persern Kriegsflotten, zuerst in Kriegen gegen die Ägypter, später gegen die Griechen.

Die persische Herrschaft über den Vorderen Orient war ein stabilisierendes Element und nützte Phönizien in dreifacher Hinsicht. Erstens richtete Persien im Reich einen Kurierdienst ein – eine Art reitende Post mit Pferdewechsel in regelmäßigen Abständen an den Reichsstraßen – und ermöglichte dadurch eine weit schnellere Nachrichtenübermittlung. Zweitens wurde die Münzprägung, eine noch junge Errungenschaft der Lydier und Griechen, von den Persern kurz nach ihrer Eroberung Lydiens übernommen. Sie gaben eigene Münzen aus und machten sie zur Standardwährung in allen Teilen ihres Riesenreiches. Für ein Handelsvolk wie die Phönizier war die Einbeziehung in ein System mit einem solchen Einheitstauschmittel sehr vorteilhaft. Und drittens wurde das Aramäische, ein in phönizischer Schrift geschriebener semitischer Dialekt, zur Verkehrssprache von einem Ende des persischen Weltreiches bis zum andern, vom Ägäischen Meer bis nach Indien. Das bedeutete, daß der gesamte Tauschhandel und Schriftverkehr, womit die phönizischen Kaufleute dauernd zu tun hatten, jetzt in einer Sprache abgewickelt werden konnte, die mit ihrer eigenen fast identisch war und in der von ihnen selbst erfundenen Schrift geschrieben wurde.

Einerseits bedeutete die persische Herrschaft für die phönizischen Hafenstädte, mit einem ungeheuer mächtigen Reich im Osten auskommen zu müssen, auf der anderen Seite war die Herrschaft der Perser relativ milde, und die Handelsstädte gediehen unter ihr. Sie waren sogar dreist genug zu widersprechen. Als, wie Herodot berichtet, der Perserkönig Kambyses 525 v. Chr. mit Hilfe einer von phönizischen Admirälen kommandierten phönizischen Flotte Ägypten erobert hatte, schlug er vor, gleich nach Westen weiterzusegeln und auch noch Karthago zu erobern. Aber die Tyrer widersetzten sich dem Plan energisch mit dem Hinweis, Karthago sei eine tyrische Kolonie. Das wäre so, als wenn Eltern ihre eigenen Kinder angriffen, sagten sie und erklärten, wenn dieser Plan weiterverfolgt würde, zögen sie ihre gesamte Flotte ab. Kambyses ließ daraufhin den Plan stillschweigend fallen.

Als die Perserkönige Darius und Xerxes Pläne zur Eroberung Griechenlands schmiedeten, ergriffen alle wichtigen phönizischen Städte sofort die Gelegenheit, bei diesem großen Unternehmen mitzuhelfen. Griechenland war, seit es sich mehr und mehr in ihre Handelsaktivität im Mittelmeer einmischte, auch ihr Feind geworden. Es war geplant, ein gewaltiges persisches Heer, unterstützt von einer phönizischen Flotte, nördlich um das Ägäische Meer herum in Marsch zu setzen. Das Heer sollte den Hellespont auf einer aus Schiffen gebildeten Brücke überschreiten und dann nach Griechenland einfallen. Ein griechischer Stadtstaat nach dem anderen sollte so eingenommen werden.

Am Ende standen die Phönizier jedoch auf der Seite des Verlierers, wenn auch der Fehlschlag nicht ihre Schuld war; sie taten ihr Bestes und mehr als das. Sie halfen mit, die Brücke über den Hellespont zu schlagen, reparierten

332 v. Chr. belagerte Alexander der Große Tyros und eroberte die Stadt schließlich. Die Abbildung aus einer Handschrift aus dem 14. Jahrhundert zeigt, wie die Belagerer gegen die stark befestigte phönizische Stadt anstürmen. Nach über 7 Monaten fiel die Stadt. 2000 überlebende Männer wurden gekreuzigt, die Frauen und Kinder als Sklaven verkauft.

und verstärkten die Taue und Verankerungen, als sie von einem Sturm auseinandergerissen wurde. Sie unterstützten Xerxes' übrige Techniker bei ihren Bemühungen, einen Kanal durch eine thrakische Halbinsel zu ziehen, um einen geschützteren Seeweg zu erhalten. Da die Perser bei dieser Arbeit durch ständige Einstürze aufgehalten wurden, zeigten ihnen die Phönizier, wie der Durchstich, wenn man ihn in Form eines weitschenkligen V anlegte, erfolgreich bewerkstelligt werden konnte. Sie stellten eine Flotte von Kriegs-, Truppentransport- und Versorgungsschiffen für das große persische Heer, als es sich schwerfällig nach Süden bewegte. Sie kämpften tapfer in der Seeschlacht bei Salamis (Insel im Saronischen Golf). Aber trotz dieser Hilfe wurden die Perser 480 v. Chr. geschlagen, und die levantinischen Phönizier sahen sich um die Chance betrogen, die Griechen als Handelsrivalen auszuschalten. Gleichzeitig unterlagen die Phönizier auch im Westen. Hier waren die Karthager in jahrelange Kämpfe mit den sizilianischen Griechen um die Inselherrschaft verwickelt. Angesichts der Bindung der ostgriechischen Städte durch die überwältigende persische Heeresmacht überredete eine karthagische Partei die Regierung, in Sizilien zum entscheidenden Schlag auszuholen; die griechischen Stadtstaaten seien zu sehr mit sich selbst beschäftigt, als daß sie etwa Verstärkungen nach Sizilien entsenden könnten. Also landete 480 v. Chr. ein karthagisches Heer in West-Sizilien, aber überraschenderweise erlitt es bei Himera (Nordküste Siziliens) eine katastrophale Niederlage.

Als Folge dieses doppelten Rückschlags im Osten wie im Westen begann sich die griechische Präsenz überall immer stärker bemerkbar zu machen: in Sizilien im Westen, in der ganzen Ägäis und in Ionien im Osten. In der Mittelmeerwelt traten allmählich hellenische Ideen und Traditionen in den Vordergrund, während die des Vorderen Orients langsam verblaßten.

Alexander der Große. Diese Hellenisierung fiel, seltsam genug, in ein Jahrhundert rücksichtslos selbstzerstörerischer Kriege unter den Griechen selbst. Athen und Sparta waren die beiden eigentlichen Protagonisten, doch zog ihre Rivalität praktisch jeden einzelnen der griechischen Stadtstaaten in den Kampf hinein. Als um 380 v. Chr. die Kämpfe endlich abklangen, stand Griechenland so geschwächt da, daß es zur leichten Beute für ein noch unverbrauchtes Vetternvolk im Norden wurde, die Makedonier. Zum erstenmal in ihrer Geschichte wurde die griechische Halbinsel unter der Führung eines Mannes, des makedonischen Königs Philipp II., straff zusammengefaßt. Aber erst sein Sohn, Alexander der Große, setzte den Hellenismus mit seinem Entschluß, Persien zu erobern, in den östlichen Mittelmeerländern durch.

Mit einem Expeditionskorps kampferprobter makedonischer Reiterei vernichtete Alexander die persischen Heere in einer Reihe blitzartig geführter Schlachten: am Flusse Granikos 334 v. Chr., bei Issos 333 v. Chr., bei Gaugamela 331 v. Chr. Wie alle, die vor ihm in diesen Gebieten Krieg geführt hatten, erkannte er sofort, daß er der phönizischen Häfen sicher sein mußte, ehe er nach Süden gegen Ägypten oder Osten gegen Persien zog. Pragmatisch denkend wie stets, ließen die phönizischen Städte ihre früheren Freunde, die Perser, im Stich, holten ihre Segel ein und bereiteten sich darauf vor, mit dem neuen Sieger günstige Bedingungen auszuhandeln – genauer gesagt, alle Städte mit Ausnahme von Tyros. Diese Stadt fühlte sich sicher auf ihrer Insel hinter Festungsmauern, die stärker waren als je zuvor; die Bewohner waren durch viele Belagerungen abgehärtet und im Besitz einer großen Flotte. Also glaubten die Tyrer zuversichtlich, den ungeduldigen Makedonier durch ruhiges Ausharren nervös machen und schließlich entmutigen zu können. Ungeduldig war Alexander vielleicht, aber er war auch unversöhnlich. Er bot jeden arbeitsfähigen Mann an der Küste auf, um Erde und Steine heranzuschaffen und Baumstämme von den Bergen herabzuschleifen, und baute einen Damm vom Festland zur Insel. In einem letzten wütenden Sturm fiel die Stadt.

Von allen, die Tyros bekriegten, ist Alexander der einzige, dessen Werk noch heute zu sehen ist. Der Damm, den er baute, blieb erhalten. Von den wechselnden Gezeiten angeschwemmt, haben sich allmählich immer größere Sandablagerungen an ihm abgesetzt. Heute ist der Damm 400 Meter breit und mit Häusern und einer Straße bebaut. Tyros ist keine Insel mehr.

5. Götter, Priester und Opfergaben

Ugarit, die alte kanaanäische Stadt an der Küste nördlich von Byblos, wurde vermutlich um 1234 v. Chr., wenige Jahrzehnte nach dem Fall Trojas, von einfallenden Seevölkern oder auch Piraten geplündert und dem Erdboden gleichgemacht. Man könnte es mit Recht ein unbesungenes Troja nennen, denn Ugarit hatte weder einen Homer noch eine spätere Geschichte; es wurde niemals wieder besiedelt oder aufgebaut. So reich es gewesen war, es hätte im Gedächtnis der Menschen wohl überhaupt nur als ein mit Erde bedeckter Trümmerhaufen weitergelebt, wäre es nicht 1929 von Archäologen ausgegraben worden.

Was in Ugarit gefunden wurde, war die bei weitem größte bisher entdeckte Sammlung präphönizischer Tontafeln mit religiösen oder mythischen Texten. Die Archäologen streiten sich, ob man die ugaritischen Texte im eigentlichen Sinne phönizisch nennen kann; aber sie sind sich einig, daß diese Texte viele wertvolle Einblicke in die Glaubensvorstellungen der Phönizier geben.

Ein wichtiges Faktum, das durch die ugaritischen Texte bestätigt wird, sind die Gemeinsamkeiten vieler Religionen dieser Zeit und dieses Teils der Welt. Ob Kanaanäer, Assyrer, Babylonier oder archaische Griechen, die allgemeine Struktur des Götterhimmels war die gleiche, wenn auch die Namen der Götter und Göttinnen und manche ihrer spezifischen Attribute von Volk zu Volk verschieden waren. Zwar kann nicht als gesichert gelten, daß die Kulte, die sich in den einzelnen phönizischen Städten herausbildeten, sich direkt von den in den ugaritischen Texten beschriebenen herleiteten, doch es ist gewiß, daß sie eng miteinander zusammenhingen. Es kann angenommen werden, daß sie einen gemeinsamen kanaanäischen Ursprung hatten und sich im Laufe der Zeit immer weiter voneinander entfernten. Auf der Grundlage dieses Modells läßt sich der phönizische Götterhimmel beschreiben.

Der Gott der Stürme. Den obersten Rang nahm darin eine männliche Gottheit ein, in Ugarit El genannt. Der Name bedeutete einfach «Gott», sein Träger verkörperte offenbar den Begriff einer universalen Gottheit im weitesten Sinne, und er wurde «Vater der Götter», «Schöpfer der Schöpfer»

Die 13 cm hohe Elfenbeintafel wurde in der Nähe von Ugarit gefunden und zeigt eine Göttin zwischen zwei Ziegen. Die Tafel stammt aus dem 13. Jahrhundert v. Chr., der Zeit kurz vor dem plötzlichen Ende der ägäischen Kultur der Bronzezeit. Die kanaanäischen Städte standen noch ganz unter dem Einfluß ägäischer Stilrichtungen, wie die unbedeckten Brüste und der Rockschmuck der Göttin zeigen (siehe auch Text S. 99ff).

genannt. In der Vorstellung der vielen späteren phönizischen Städte war er nur eine schattenhafte Vaterfigur für die anderen Götter und Göttinnen.

Für die Phönizier war Baal, der Gott der Stürme, die führende männliche Gottheit. Er verkörperte die Kraft, Gewalt, Jugend und Dynamik, und er erscheint der Überlieferung nach als *der* phönizische Gott. Nach Ansicht der jüdischen Propheten wird durch ihn ein Glaube personifiziert, der nur zu sehr ihrem eigenen Konkurrenz machte. Die Bibel ist voller zorniger Anklagen gegen die Frevel Baals. Er steht, pars pro toto, für die gesamte nichtisraelitische semitische Götterwelt mit ihrem ganzen Apparat an Vielgötterei, Menschenopfern, Götzenanbetung usw.

Der Jahreszeitenrhythmus. Die phönizische Religion baute allerdings keineswegs nur auf Baal auf. Sie hatte eine ähnliche Grundstruktur wie eine Reihe anderer zeitgenössischer Religionen, die sich auf einen sehr alten Mythos stützten, der das Geheimnis des Jahreszeitenrhythmus zu erklären versuchte. Danach hatte El eine Gemahlin, die Muttergottheit Aschera, deren Sohn in jedem Jahre starb – symbolisch für das Einbringen der Ernte und das Verdorren des Landes. Der Sohn wurde wiedergeboren, als Zeichen des wiederkehrenden Frühlings und einer neuen Ernte.

Dieser Mythos ist auf vielfältige und interessante Weise weitergebildet worden. In den ugaritischen Texten ist Baal, der mit dem Regen und lebenspendenden Wasser in Verbindung gebracht wird, der jugendliche Gott, der den Tod erleidet. Er verschwindet in der Unterwelt. Dort kommt ihm seine Schwester Anat zu Hilfe; sie findet seinen Leichnam und haucht ihm neues Leben ein. In einem anderen Text kämpft Baal selbst mit Mot:

> Sie starren einander an wie glühende Kohlen;
> Mot ist stark, Baal ist stark;
> Sie stürzen sich aufeinander wie wilde Ochsen;
> Mot ist stark, Baal ist stark;
> Sie beißen sich wie Schlangen;
> Mot ist stark, Baal ist stark;
> Sie schlagen aus wie Hengste;
> Mot liegt am Boden, Baal liegt am Boden über ihm.

Die Symbolik des Textes ist klar: Die Erde hat Tod und Dürre überwunden. Der jugendliche Gott wird, lebendig und unversehrt, wiederkehren, wenn im Frühling die neue Saat sprießt.

Neben den eben genannten kannte die phönizische Religion eine große Zahl von weiteren Göttern und Göttinnen. Teilweise wurden ihnen besondere Aufgaben zugesprochen, wie etwa der sidonischen Eschmun, die für das Heilen von Krankheiten zuständig war. Eine andere Gottheit, Dagon, assoziierten die Phönizier mit dem Getreide, wieder eine andere, Reschef, mit

Seuchen usw. Um die Verwirrung noch größer zu machen, waren die Identitäten nicht immer einheitlich. El und Baal z. B. hatten von Stadt zu Stadt andere Namen und in mancher Beziehung unterschiedliche Eigenschaften. In Tyros wurde Baal zu Melkart und gelangte als solcher, wie zu erwarten, nach Karthago. Der Name leitet sich von «mlk» (König) und «qrt» (Stadt) ab. Doch der Gott, der sich hinter dem neuen Namen verbarg, war derselbe Baal, der energische Herr der Stürme, der oberste Gott in den meisten phönizischen Städten. Die höchste weibliche Gottheit war die Fruchtbarkeitsgöttin Astarte. Ihr Name variiert von Land zu Land, sogar von einer phönizischen Stadt zur nächsten. In der Bibel erscheint sie als Astaroth, in Babylon als Ischtar, in Griechenland als Aphrodite. In Byblos dagegen kannte man sie als Baalat, was einfach «Herrin» bedeutet und klar erkennbar die weibliche Form von Baal, «Herr», darstellt.

Das Menschenopfer. Ein wichtiger Aspekt der phönizischen Religion, den sie mit anderen ihrer Zeit gemein hatte, war das Opfer. Mit der Opferzeremonie wurden zwei Absichten verfolgt: Die schlichtere und mehr direkte war, den Gott zu versöhnen, sein Wohlwollen zu wecken, seinen Zorn zu besänftigen und seine Unterstützung zu gewinnen. Die andere Absicht der Opferriten war, den Gott selbst stark zu machen. Die Phönizier glaubten, daß ein Geschenk, besonders eines, das einem selbst wertvoll war, seine Geneigtheit und letzten Endes seine Macht erhöhen würde. Versäumte man es, den Gott regelmäßig und angemessen zu ehren, so stimmte ihn dies nicht nur ungnädig, sondern schwächte auch seine Macht.

Ohne Zweifel brachten die Phönizier das wohl ungeheuerlichste aller Opfer dar: Menschenleben. Andere Religionen schafften es, vom Menschenopfer loszukommen, was später dann schließlich auch den Phöniziern gelang. Diese phönizische Opferpraxis erfüllte die Israeliten mit Schrecken, und selbst als das Menschenopfer in Ostphönizien offensichtlich aufgegeben wurde, lebte es in Karthago weiter – und entsetzte die Römer.

Über die Menschenopfer in Ostphönizien gibt es nur ein paar Anspielungen im Alten Testament. Für die in Westphönizien liegen dagegen unwiderlegbare Beweise vor: In Karthago gibt es eine alte Begräbnisstätte, an der man Tausende von kleinen Tongefäßen mit den Überresten von Säuglingen und Kleinkindern fand. Zwischen diesen Urnen liegen andere, die die Reste von kleinen Ziegen, Lämmern, Kätzchen und jungen Hunden enthalten. Ganz offensichtlich haben die Karthager Kinder geopfert, als Ersatz für sie jedoch auch junge Tiere. Interessant ist jedoch, daß die Phönizier nicht an die Wirksamkeit eines Ersatzopfers glaubten. Noch um 320 v. Chr. wurde die Schuld an einer militärischen Niederlage vornehmen Familien gegeben, die sich angewöhnt hatten, anstelle ihrer eigenen Kinder junge Sklaven oder vielleicht auch Tiere zu opfern. Da sie die Götter geringschätzig behandelt hatten, zwang man sie, ihnen Genugtuung zu verschaffen, und 500 Kinder

Ein karthagischer Priester hält einen Säugling im Arm, den er im nächsten Moment opfern wird. Dieses Relief auf einem Kalksteinobelisken fand man im Tempelbezirk der Göttin Tanit in Karthago. Es stammt aus dem 4. Jahrhundert v. Chr.

aus den edelsten Familien wurden geopfert.

Die kultischen Opfer hatten damals in Karthago bereits eine Tradition von rund 400 Jahren. Man brachte die Kinder zum Tophet, einer heiligen Stätte, an der sich ein Götterbild oder ein uralter heiliger Stein befand, und tötete sie dort. Wie auch in anderen Religionen der Zeit wurde das lebendig geopferte Fleisch anschließend verbrannt. Dies erklärt die vielen Erwähnungen von

Feueröfen und der Sprachformel «durch die Flammen gehen». Offenbar brachte man das kleine Kind zum Götterbild, wo ein Priester es beruhigte und ihm dann die Kehle durchschnitt. Darauf wurde es in die Arme einer Bronzestatue gelegt, unter der sich ein Ofen oder Feuerrost befand. Es gibt Hinweise, daß die Arme des Gottes durch einen Mechanismus so bewegt werden konnten, daß sie den toten Kindskörper in die Flammen fallen ließen.

Zweifellos bediente man sich künstlicher Tricks der einen oder andern Art zu dem Zweck, die heilige Scheu der Gläubigen zu erhöhen und sie in dem Glauben zu bestärken, daß die Gottheit sich für fromme Werke erkenntlich zeigte. In einem Fall, bei der hohlen Statue einer Göttin, waren Löcher in die Brüste gebohrt und anschließend mit Wachs verstopft. An einer passenden Stelle des Rituals schmolz das Wachs unter Hitzeeinwirkung, und wie durch ein Wunder begann Milch, mit der man zuvor die Statue angefüllt hatte, aus den Löchern zu fließen.

Priesterhierarchien. Es liegt auf der Hand, daß in einer so unbarmherzigen Religion, die dem eingeschüchterten Volk nur durch ihre Eingeweihten interpretiert wurde, die priesterliche Macht sehr groß war. Die zahlreichen Priester bildeten eine hierarchisch gegliederte Kaste, mit einem Hohepriester an jedem Tempel und einer Schar ihm unterstellter Unterpriester. Außerdem gehörten zu einem Tempel Schreiber, Schlächter zum Töten der Opfertiere, Lampenwärter, Barbiere, deren Aufgabe es war, die Köpfe der Hohepriester zu rasieren, ferner zahllose einfache Arbeiter, Tempeldiener, Gärtner, Handwerker und Sklaven.

Der Eifer, mit dem die Phönizier sich ihrer Religion widmeten, war ungeheuer. Infolgedessen verfügte die Priesterklasse über weitreichende finanzielle, politische und religiöse Macht. Ununterbrochen wurden Opfergaben dargebracht: Wein, wohlriechende Essenzen, Weihrauch, Tiere und bisweilen auch bloß Früchte und Getreide. (Menschenopfer waren besonderen Anlässen oder schlimmen Unglücksfällen vorbehalten.) Die Priester führten Listen mit den für jedes Opfer festgesetzten Tarifen. Sie schrieben das zur Sühnung eines Frevels jeweils angemessene Opfer vor und auch das Honorar, welches der Priester dafür bekam, daß er die Opfergabe annahm und das mit ihr verbundene Ritual vollzog. Eine solche Liste setzte fest, daß der Priester für jeden geopferten Ochsen eine Taxe von 10 Silberstücken erhalten sollte, und, falls das Opfer zur Sühnung eines Verbrechens dargebracht wurde (und nicht bloß Ausdruck der Verehrung des Gottes war), sollte dem Priester obendrein ein Teil des Ochsen zufallen. Solche Bräuche machten sowohl Tempel als auch Priester reich, und das Amt des Hohepriesters wurde eine begehrte Pfründe.

Heiligtümer. Der Umfang der Priesterhierarchie und ihre mannigfachen Aufgaben lassen vermuten, daß die Tempel große und kunstvoll angelegte

Komplexe bildeten; das war jedoch nicht unbedingt der Fall. Es gibt Beweise dafür, daß der religiöse Kult der Phönizier sich zu einem großen Teil in kleinen, vielfach ganz anspruchslos angelegten Heiligtümern unter freiem Himmel vollzog. Ein Stein oder Altar bzw. eine kleine Einfriedigung auf einem sich «frei erhebenden Platz» genügte vollkommen. Der «Platz» war wichtig, weil man bestimmten Naturgegebenheiten wie fließendem Wasser (Quellen oder Flüssen), Hainen und Felsgruppen göttliche Kräfte zusprach. Das älteste bekannte Heiligtum in Karthago ist eine kleine, quadratische, in einen Felsen gehauene Plattform. Der Göttin Tanit geweiht, ist sie kaum einen Meter groß. Wie manche andere heilige Stätte der Phönizier, bezog sie ihre Kraft aus ihrem Alter und möglicherweise aus den geheiligten Gegenständen, die sich an oder nahe bei ihr befanden. Es kann natürlich auch sein, daß der ungewöhnlich kleine Umfang dieses Heiligtums bloß die extreme Armut der ersten karthagischen Siedler widerspiegelt.

Ein nur wenig größeres Heiligtum, das bei den interessanten neuen Ausgrabungen in Sarepta entdeckt wurde, hat die Gestalt eines länglichen Gebäudes mit einem erhöhten Altar an der Rückseite. Rund um die Innenwand des Gebäudes läuft eine auf der Oberseite verputzte Steinbank bzw. -plattform. Sie springt aus der Wand vor wie eine niedrige Ablage, auf der die Gläubigen ihre Opfergaben für den Gott deponierten. Außer Weihrauch und Früchten, die sie dort regelmäßig niederlegten, ließen die Bewohner von Sarepta auch eine große Menge kleiner Tonstatuen zurück. Solche Figurinen wurden in einer Reihe von phönizischen Siedlungen gefunden; zweifellos waren sie Weihgeschenke. Ob sie wirkliche Abbilder der Götter selbst waren, ist nicht geklärt. Eines dieser Figürchen ist nackt, wodurch es als Darstellung eines Gottes oder einer Göttin ausscheidet: In der langen Geschichte semitischer Religionen waren Götter und Göttinnen stets vollbekleidet dargestellt worden, in reichen Gewändern, wie es ihrer hohen Stellung geziemte.

Aber auch die bekleideten Figürchen brauchen nicht Gottheiten zu sein. Einige von ihnen haben sehr starke Brüste, andere einen geschwollenen Leib – ganz eindeutig stellen sie schwangere Frauen dar. Diese Merkmale deuten eher darauf hin, daß die kleinen Tonstatuetten die Bittsteller wiedergeben und nicht die Götter. Sie brachten den Göttern Botschaften, Bitten um Erhörung ihrer Gebete.

Einmal in einem Heiligtum aufgestellt und einer Gottheit geweiht, wurde ein Tonfigürchen ein heiliger Gegenstand, Eigentum des Gottes. Über viele Jahrzehnte, vielleicht Jahrhunderte hinweg muß so eine Anhäufung überaus lästig gewesen sein. Wie man in Sarepta mit einem Teil der Figurinen verfuhr, wurde entdeckt, als man den Boden im Heiligtum aufgrub. Sorgfältig in einer rechteckigen Ausschachtung deponiert, lagen etwa 30 Figuren – dreidimensionale Gebete sozusagen, rund zweieinhalb Jahrtausende aufbewahrt.

Der phönizische Tempel. Vielleicht gibt Sarepta auch die Antwort auf eine andere wichtige Frage bezüglich des religiösen Lebens der Phönizier: wie phönizische Tempel aussahen. Darüber ist bis jetzt nur wenig bekannt, und es gibt Anzeichen, daß neben dem eben beschriebenen kleinen Heiligtum ein weit größeres – bisher nicht ausgegrabenes – Bauwerk liegt. An anderen Stellen in dem Gebiet hat man zwar verschiedentlich Tempelanlagen gefunden, aber überall existieren nur noch die Grundlinien der Fundamente und die Wände, allerdings nur noch wenige Fuß hoch. Sie folgen jedoch einem so regelmäßigen Schema, daß es allmählich möglich wird, den Grundriß eines «typischen» phönizischen Tempels zu beschreiben.

Er war ein länglicher Bau mit drei Räumen: zuerst einem kleinen Vorraum, danach einer großen Haupthalle, schließlich an der Rückseite dem kleinen Allerheiligsten. Dieses erreichte man über ein paar Treppenstufen; es enthielt einen Altar sowie ein Götterbild oder sonst einen Gegenstand kultischer Verehrung. Manchmal war dies einfach ein heiliger Stein, *betyl* genannt. In dem kleinen Heiligtum in Sarepta stand ein *betyl* offenbar direkt vor dem Altar; im Fußboden ist ein Platz für ihn vorgesehen, aber der Stein ist längst herausgerissen und weggeschafft worden.

Ein phönizischer Tempel war vermutlich ein ziemlich hoher, schmaler, kastenartiger Bau mit einem großen Eingangsportal. Stufen führten zu diesem Portal hinauf, das auf beiden Seiten von einer freistehenden Säule aus Holz, Stein oder Bronze flankiert war. Die Säulen scheinen Namen und ausgeprägte personale Eigenschaften gehabt zu haben – gottähnliche Züge, könnte man sich denken.

Die ausführlichste Beschreibung eines phönizischen Tempels findet sich in der Bibel. Sie hat zwar keinen direkten Beweiswert, denn sie schildert einen Bau, der von Salomo in Jerusalem in Auftrag gegeben wurde und für die israelitische Religion bestimmt war, wurde aber von tyrischen Baumeistern entworfen und von tyrischen Steinmetzen ausgeführt. Er paßt, bis hin zu den Treppenstufen und den Portalsäulen, in das Dreiraumschema und fügt viele andere Details von eindeutig phönizischem Charakter hinzu. Er war aus schweren, behauenen Steinquadern erbaut, im Innern mit Zedernholz verkleidet und reichlich mit Goldornamenten geschmückt. Große hölzerne Türflügel waren von Säulen flankiert, die ein tyrischer Metallschmied aus Bronze gearbeitet hatte. Der gleiche Schmied stellte noch eine Reihe von bronzenen Wasserbecken und anderen Behältern zum Gebrauch innerhalb wie außerhalb des Tempels her. Trotz fundamentaler Unterschiede in den beiden Religionen sind die Übereinstimmungen in manchen Details der Tempelarchitektur bemerkenswert.

Das Leben nach dem Tode. Ein wichtiger Aspekt der phönizischen Religion war der Glaube an ein Leben nach dem Tode. Belege hierfür sind in großer Menge und Vielfalt vorhanden, und sie zeigen starke ägyptische

Einflüsse. Die Ägypter verwandten große Mühe darauf, die Körper der Verstorbenen zu konservieren. Sie wurden zu Meistern in der Kunst des Einbalsamierens und verwendeten Methoden und Materialien, die wir heute nicht mehr genau kennen. Die einbalsamierten Leichen wurden teils in Holzsärge gelegt, die die Form des menschlichen Körpers hatten und auf die die Gesichtszüge des Toten gemalt waren, teils in schwere, aus massiven Steinblöcken gehöhlte Schreine von ebenfalls menschlicher Gestalt und mit einem menschlichen Gesichtsrelief auf dem Deckel. Die Archäologen sprechen von «anthropomorphen» Särgen.

Irgendwann im Lauf ihrer Geschichte begannen die Phönizier, bei denen bis dahin große Graburnen aus Ton oder Stein – bzw. Lehmziegelgräber üblich gewesen waren, den anthropomorphen Sargtypus der Ägypter nachzubilden. Ein paar Exemplare sind in Ostphönizien zutage gekommen, vor allem ein prächtiger schwarzer Basaltsarg, in dem König Tabnit von Sidon beigesetzt wurde. Man entdeckte den Sarg zusammen mit einigen anderen aufsehenerregenden Funden 1887 an einer Gräberstätte außerhalb Sidons. Der Fund war deshalb ungewöhnlich, weil er bis dahin nicht von gewissenlosen Grabräubern aufgebrochen und ausgeraubt war.

Mehr als zwei Jahrtausende lang war Sidon von Dieben heimgesucht worden. Schlimmer noch in gewisser Hinsicht war, daß lokale Zerstörungswut und das Bedürfnis nach leicht zu beschaffenden Steinblöcken, um Häuser, Mauern und Viehställe zu bauen, ja selbst Straßen zu pflastern und Bewässerungskanäle anzulegen, dem riesigen Schatz an unterirdischen Gräbern, dem Vermächtnis eines ganzen Jahrtausends, irreparablen Schaden zugefügt hatte. So groß war der Vorrat an behauenen Steinen, daß sich die einheimischen Bauern längst angewöhnt hatten, ihre Felder an jeden zu verpachten, der daherkam und sie als Steinbruch ausbeuten wollte.

Sidon war eine ebenso alte und reiche Stadt wie Tyros. In seiner Spätzeit benutzten die Angehörigen der Oberschicht vielfach zwei Arten von Särgen. Der eine hatte vermutlich Hausform und sollte wohl dem Verstorbenen nach dem Tode als Wohnung dienen. Der andere, ein anthropomorpher Sarg, hatte die Form des Körpers des Verstorbenen und sollte vermutlich als Ersatz gelten, wenn der in ihm befindliche sich später auflöste. Man bemühte sich, die Verwesung zu verhindern, indem man die ägyptischen Einbalsamierungstechniken übernahm. Da die Phönizier seit langem die Ägypter mit Zedernöl zu Einbalsamierungszwecken belieferten, ist es so gut wie sicher, daß sie mit den ägyptischen Techniken gründlich vertraut waren. Aber kein Einbalsamierungsverfahren vermochte zuverlässig etwas gegen das feuchte Küstenklima Phöniziens und das langsame Einsickern von Wasser in ein Grab und schließlich durch dessen Ritzen in den Sarg selbst auszurichten. Die wenigen bisher gefundenen phönizischen Mumien sind, mit einer Ausnahme, stark zerfallen, die Leinenbänder, mit denen sie umwickelt waren, fast völlig vermodert. Alles, was man an Knochen- und Stoffresten gefunden hat, stammt aus Steinsarkophagen. Wenn der Sarg aus Holz bestand – und das war vermutlich oft der Fall –, haben sich Sarg wie Leichnam längst aufgelöst.

Der sidonische Steinsarkophag. In Sidon lagen die Begräbnisplätze in den niedrigen Hügeln rings um die Stadt. In sie hinein wurden Schächte getrieben, von denen kleine Kammern für die Sarkophage abzweigten. Teils waren diese Kammern mit Steinquadern gewölbt, teils auch in den gewachsenen Fels gehauen. Oft gingen mehrere Kammern, in verschiedenen Ebenen angelegt, von einem einzigen Schacht ab. In die Seitenwände der Schächte wurden Treppenstufen gehauen, damit die mit dem Bau der Gräber beschäftigten Arbeiter hinauf- und hinuntergelangen konnten. Wenn der Sarkophag an seinem Platz war, wurde die Kammer zugemauert, der Schachteingang mit Steinen geschlossen und vollständig mit Erde zugedeckt.

Der sidonische Steinsarkophag, der etwa im 5. Jahrhundert v. Chr. aufkam, war in seiner Art etwas ganz Besonderes. Er besaß die ägyptische, anthropomorphe Form, mit einem auf dem Deckel plastisch herausgearbeiteten menschlichen Antlitz, aber dieses Gesicht entsprach dem griechischen Typus. Das Resultat war eine einzigartige Skulpturform, nicht ausschließlich auf Sidon beschränkt, aber doch besonders bezeichnend und charakteristisch für diese Stadt. Die Beispiele, die im phönizischen Kulturraum überhaupt gefunden wurden und sich heute in Museen in Europa und im Vorderen Orient befinden, kommen beinahe alle aus Sidon.

Die ersten Hinweise auf das Wesen sidonischer Bestattungspraxis tauchten in der Mitte des vorigen Jahrhunderts auf. In Sidon, wie auch in anderen Städten an der libanesischen Küste, hatten sich damals manche Ausländer niedergelassen. Viele von ihnen waren Amateurarchäologen, und es florierte unter der Hand ein lebhafter Handel mit Grabobjekten und Plastiken, an dem sich nicht nur einige ansässige Ausländer, sondern auch einheimische Händler und Sammler in Europa beteiligten. Unter der Hand, weil die Gräber offiziell Eigentum der Türkei waren. Der heutige Staat Libanon war damals ein Teil der Türkei – des einst mächtigen Osmanischen Reiches, das immer mehr seiner Auflösung entgegentrieb. Ein Ort wie Sidon interessierte die Sultane kaum, die tausend Kilometer entfernt in ihrer Hauptstadt Konstantinopel (dem heutigen Istanbul) ein korruptes, träges Leben führten. Sie besaßen entweder nicht die Kraft, den fortgesetzten Raub an Sidons Altertumsschätzen zu stoppen, oder aber es ließ sie gleichgültig. Bereits 1860 bekamen die im Lande arbeitenden europäischen Archäologen die Folgen dieses Desinteresses nachteilig zu spüren. Einer von ihnen, der Franzose Ernest Renan (1823–1892), erforschte in einer Nekropole mehr als einhundert Gräber und mußte feststellen, daß sie sämtlich ausgeraubt, ihre Sarkophage zertrümmert, ihre Steinreliefs abgeschlagen und fortgeschafft

Der älteste bisher gefundene phönizische Sarkophag, datiert auf rund 1200 v. Chr., ist der des Königs Ahiram von Byblos. Er gibt insofern ein Rätsel auf, als die Inschrift, die ihn als Ahirams Sarg ausweist, offensichtlich erst 300 Jahre später hinzugefügt wurde. Wer ursprünglich darin lag, ist unbekannt.

worden waren. Innerhalb von nur sieben Jahren war die Nekropole selbst völlig verwüstet, und die meisten Steine aus den Gewölben der Grabkammern tauchten auf Baustellen in Sidon wieder auf. Eine faszinierende historische Fundstätte war für immer ruiniert.

Die Entdeckung sidonischer Grabkammern. Im gleichen Jahr 1860 entdeckte der amerikanische Missionar und Altertumsforscher William Eddy in Sidon eine Reihe untereinander verbundener Grabkammern. Er drang in fünf verschiedene Kammern vor, die sieben Sarkophage enthielten. Einer war vom schwärzlich-ägyptischen, zwei weitere vom phönizisch-anthropomorphen Typus. Die übrigen jedoch waren in griechischem Stil gearbeitet und übertrafen an Reichtum des Details bei weitem alles bisher in Sidon Gefundene. Es waren große Marmorsärge, an den Seiten mit Hochreliefs von figürlichen Darstellungen reich verziert.

Nachdem er, so gut es unter den Umständen ging, ein genaues Inventar aufgenommen hatte, sandte Eddy eine Depesche nach Konstantinopel. Glücklicherweise war der Direktor für Altertümer am dortigen Museum ein in Frankreich aufgewachsener, tüchtiger Beamter namens Hamdy Bey (1842–1910). Anstatt zuzulassen, daß die Funde aufgebrochen wurden und auf Schleichwegen auf den Antiquitäten-Schwarzmarkt gelangten, begab er sich unverzüglich nach Sidon, postierte rund um die Uhr Wachen und ergriff im Namen des Sultans Besitz von der ganzen Stätte mit allem, was sich dort befand. Schließlich gelangten sämtliche Sarkophage in das Reichs- oder Topkapi-Museum in Istanbul, wo sie heute von Interessierten besichtigt werden können.

Die prachtvollen Sarkophage im hellenistischen Stil geben eine Vorstellung von der phönizischen Kunst, die schließlich dem übermächtigen Einfluß der griechischen Kunstauffassung nachgab. Wer die Sarkophage in Auftrag gab und wem sie als letzte Ruhestätte dienten, darüber kann man nur Vermutungen anstellen. Sie stammen aus der Zeit um 300 v. Chr. und wurden offensichtlich für sehr hochgestellte Persönlichkeiten angefertigt, vielleicht für einheimische Herrscher oder Machthaber, die nach Alexanders Tod diesen Teil seines Reiches erbten. Sie sind aus hochwertigem pentelischen bzw. parischen Marmor gearbeitet; ersterer wurde aus Attika in Griechenland importiert, letzterer von einer der ägäischen Inseln. Bearbeitet wurde er indes vermutlich von phönizischen Künstlern im Lande selbst.

Die Sarkophage aus ihren unterirdischen Kammern nach oben zu schaffen war wegen der Empfindlichkeit der Reliefs und angesichts ihrer Größe und ihres Gewichts ein schwieriges Stück Arbeit. Einer von ihnen – heute unter dem Namen «Alexandersarkophag» bekannt, weil seine Relieffriese den makedonischen König in der Schlacht und auf der Löwenjagd darstellen – ist 3,35 Meter lang und wiegt ungefähr 14 Tonnen. Hamdy Bey löste das Bergungsproblem, indem er einen schrägen Tunnel in die Hügelflanke treiben und die Sarkophage, einen nach dem anderen, auf Gleitrollen herausziehen ließ. Während er unter Tage diese Arbeiten überwachte, fiel sein Blick zufällig auf die Decke einer der Kammern; er stellte fest, daß dort irgendwann früher einmal Grabräuber ein Loch hineingeschnitten hatten. Als er sich durch das Loch nach oben gezwängt hatte, stand er in einer anderen Kammer auf dem Grunde eines zweiten, gänzlich unerwarteten Gräberschachts, etwa sechs Meter neben dem größeren ersten. Er war nicht so tief wie jener und hatte auch keine Verbindung zu ihm. Auch er hatte mehrere einzelne Grabkammern. Diejenige, in die Hamdy Bey gekrochen war, stand leer; Grabräuber hatten sie ausgeräumt. Aber durch einen glücklichen Zufall war ihnen entgangen, daß eine der Wände zugemauert war. Hamdy Bey ließ die Ziegelwand aufbrechen und entdeckte einen zweiten Raum, dessen Fußboden mit dicken, sauber verfugten Fliesen belegt war. Als er sie aufstemmen ließ, kam eine zweite und darunter noch eine dritte Schicht zum Vorschein. Unter dieser lag eine mächtige Steinplatte. Offenbar hatte irgend jemand – oder dessen Nachkommen – keine Mühe gescheut, das Grab gegen Störung zu sichern.

Der Sarkophag des Königs Tabnit. Es war die Grabstätte eines Königs von Sidon. Nachdem die letzte Platte entfernt und Hamdy Bey imstande war, mit einer Laterne in eine weitere Kammer zu leuchten, starrte er überrascht in das schwarze Basaltantlitz eines ägyptisch-anthropomorphen Sarkophags. Nachdem man den Sarg aus dem Grabgewölbe herausgeschafft hatte, zeigte sich, daß eine lange Inschrift in phönizischer Sprache darauf eingemeißelt war. Sie gab erschöpfende Auskunft:

> Ich, Tabnit, Priester der Astarte, König von Sidon, der Sohn des Eschmunazar, [der auch] Priester der Astarte und König von Sidon [war], liege in diesem [Sarg]. Wer auch immer du bist, der du diesen [Sarg] findest, öffne, o öffne ihn nicht und störe mich nicht, denn kein Silber, kein Gold, kein Schmuck irgendwelcher Art ist mir mitgegeben worden. Nur ich selbst liege in diesem [Sarg].
>
> «Öffne ihn nicht, öffne ihn nicht, störe mich nicht, denn solches wäre Astarte ein Greuel. Doch wenn du ihn öffnest und wenn du mich störst, mögest du weder [Nachkommen haben] bei den unter der Sonne Lebenden noch irgendwelche Ruhe [bei den Toten].»

Diese Inschrift erinnert an andere, die auf phönizischen Gräbern und Särgen gefunden wurden. Die traurige Liste der Grabschändungen auf phönizischem Boden läßt keinen Zweifel, wie wenig eine solche Verfluchung in der Regel ausrichtete. Doch in diesem Fall hatte sie ihre Wirkung nicht verfehlt. Als man den Sarkophag öffnete, war König Tabnit wirklich darin. Fast unversehrt lag er, auf dem Rücken ausgestreckt, auf einer Unterlage aus Holz, mit einer ausgekerbten Mulde als Ruheplatz für den Kopf. Der Körper war mit Stricken an die Unterlage gebunden, die durch sechs daran befestigte Silberringe gezogen waren. Zwei von den Ringen waren noch an ihrem Platz, und Teile der Taue fanden sich im Sarg. Körper samt Unterlage schwammen in einer öligen Flüssigkeit von bräunlicher Farbe.

Hier bot sich nun endlich eine Gelegenheit, aus erster Hand etwas über die Geheimnisse der ägyptischen und phönizischen Einbalsamierungstechniken zu erfahren, denn der Leichnam des Königs Tabnit war ungewöhnlich gut erhalten. Er war ein schlanker, aber muskulöser Mann von ungefähr 1,65 Meter Größe. Seine Haut war noch unzerstört, fühlte sich weich an und verriet, daß er die Blattern gehabt hatte. Er hatte eine lange Adlernase, ein vorstehendes Kinn und gewelltes rötlich-braunes Haar, das noch Spuren von künstlicher Färbung aufwies. Unterhalb der Brust war ein Einschnitt gemacht worden, um den Magen zu entfernen. Die Augen fehlten. Sonst war der Körper mit Ausnahme von Teilen der Nase, der Lippen und der Brust, die der Luft ausgesetzt gewesen waren, in bemerkenswert gutem Zustand. Noch überraschender war, daß auch die inneren Organe sich gut erhalten hatten. Jene unbekannte ölige Flüssigkeit, zusammen mit einem Quantum feinem

Sand, in den Tabnits Körper teilweise eingebettet war, hatten hervorragende Konservierungsarbeit geleistet.

Hamdy Bey beaufsichtigte noch die sorgfältige Bergung des Tabnit-Sarkophags durch den von ihm gegrabenen Tunnel, dann ging er zum Essen. In seiner Abwesenheit schafften es einige übereifrige Arbeiter, daß der Sarg umkippte. Die ganze Flüssigkeit floß auf den Boden aus und war dahin – und damit auch die Möglichkeit, den Konservierungsmitteln auf die Spur zu kommen.

Tabnit war der Sohn des sidonischen Königs Eschmunazar – die Inschrift auf seinem Sarg sagt es deutlich. Er selbst hatte wiederum einen Sohn namens Eschmunazar, der nicht weit davon entfernt in einem anderen – heute im Louvre befindlichen – schwarzen Basaltsarkophag beigesetzt wurde. Der Sarkophag Eschmunazars II. trägt eine lange Inschrift, welche die Abstammung von Tabnit bekräftigt. Sie enthält daneben die interessante Mitteilung, daß seine Mutter, Tabnits Gemahlin, zugleich Tabnits Schwester war, eine Priesterin der Astarte.

Zwei Eschmunazars und ein Tabnit: drei Namen fügen sich der Liste sidonischer Könige an und erhöhen damit die Gesamtzahl der uns namentlich bekannten auf 18. Aber diese 18 Namen verlieren sich über einen Zeitraum von tausend Jahren und zeigen einmal mehr, wie spärlich es mit unserer Kenntnis der phönizischen Stadtgeschichte im einzelnen bestellt ist.

Die eingeschlossenen Toten. Der typische sidonische anthropomorphe Sarkophag – jenes Marmorobjekt von ägyptischer Form und mit griechischem Antlitz – trägt nichts zur Bereicherung des Bildes jener Geschichte bei, denn ihm fehlte überhaupt jede Inschrift. Es war ein länglicher Marmorblock, in der Form vage dem menschlichen Körper angeglichen und mit einem abnehmbaren Deckel versehen. Er stand nach ägyptischer Sitte aufrecht auf dem Fußende, und bei manchen Exemplaren waren Füße ausgemeißelt. Das Gesicht war gewöhnlich bis zu einem gewissen Grade stilisiert, doch gab es erste Schritte in Richtung auf eine porträthafte Darstellung.

Blicken wir in diese ruhigen, glatten Mienen mit den uns unergründlich anstarrenden Augen, so ahnen wir etwas vom Wesen der in ihnen eingeschlossenen Toten. Und jenes individuelle Moment zusammen mit einem Gefühl der Lebenswahrheit war einst viel stärker ausgeprägt als heute, denn die Phönizier bemalten – auch hierin griechischer Überlieferung folgend – ihre Sargstatuen sorgfältig; Farbreste sind an vielen noch vorhanden. Bei einem Sarkophag, der in Sidon ausgegraben wurde, ist die Bemalung ungewöhnlich gut erhalten. Das Haar ist dunkel, das Gesicht von einem blassen Inkarnat, die Lippen rot. Auf die Augen wurde besondere Sorgfalt verwendet: Braune Iris und schwarze Pupillen, sehr helles Blau für das Weiße des Auges, ein Tupfer Rot im Augenwinkel und minuziös aufgemalte Augenwimpern. Dieser Sarkophag wirkte erschreckend lebensecht, als man ihn fand, und bildete das Glanzstück eines denkwürdigen Schatzes von elf anthropomorphen Sarkophagen, die 1901 in einer Anlage von zwei Grabschächten bei Sidon ausgegraben wurden. Obwohl die Arbeit der Archäologen in Sidon seitdem mit Unterbrechungen weitergegangen ist und manch weiteres Stück zutage gebracht hat, läßt sich nichts mit diesem Einzelfund oder den spektakulären Alexander- und Tabnitsarkophagen von 1887 vergleichen.

Zahnbehandlung. Eine interessante Tatsache allerdings kam durch die Ausgrabungen bei Sidon an den Tag, nämlich, daß die Phönizier geschickte Zahnärzte waren. Der Oberkiefer einer in einem Sarkophag gefundenen Frau enthielt zwei fremde Zähne, die mit Hilfe eines Golddrahtes sauber mit ihren eigenen verbunden waren. Ob die Zahnoperation aus kosmetischen Gründen vorgenommen wurde (die neuen Zähne waren Vorderzähne) oder, damit die Patientin besser zubeißen konnte, bleibt unklar. Aber im Falle eines in einem anderen Sarkophag gefundenen Mannes liegt der rein praktische Zweck der Zahnbehandlung auf der Hand. Der Patient litt an Parodontose und mußte mit dem Lockerwerden oder sogar Ausfallen von sechs seiner Zähne rechnen. Sie alle wurden durch einen einzigen Golddraht befestigt, der höchst geschickt zwischen und um die benachbarten festeren Zähne geführt war. Der so Behandelte trug diese Vorrichtung offenbar jahrelang, denn die Zähne sind recht abgenutzt.

Leichenverbrennung. Anders als in Ostphönizien, wo der anthropomorphe Sarkophag sehr häufig benutzt wurde, tauchte er in Karthago und in anderen westphönizischen Städten nur selten auf. Nur einige wenige Exemplare hat man an diesen Orten gefunden. Die Karthager übernahmen allerdings den Brauch, Grabschächte anzulegen, und entwickelten ihn weiter. Manche Schächte auf Grabanlagen in und um Karthago sind 30 Meter tief und geben einen Begriff davon, welche Anstrengungen die Menschen machten, um ihre Gräber vor Schändung zu bewahren. In der Regel enthält jeder dieser Riesenschächte nur drei oder vier Grabkammern, ein Zeichen, daß ihre Bestimmung nicht in der Unterbringung einer großen Anzahl von Toten bestand.

Wo und wann die Phönizier zuerst zur Verbrennung ihrer Toten übergingen – als Ersatz für das übliche Begräbnis oder die Erdbestattung –, ist nicht klar. Der ältere, bei den Küstenkanaanäern geübte Brauch, war die stark von Ägypten beeinflußte Bestattung. Die Verbrennung kam offenbar während der Umwälzungen und feindlichen Überfälle des 12. Jahrhunderts v. Chr., denn in der Zeit danach tauchen vereinzelte Belege hierfür verstreut im ganzen Raum der Levante auf. Die Sitte gelangte vermutlich westlich nach Karthago und verfestigte sich hier durch den Kontakt mit einheimischem nordafrikanischen Brauch; jedenfalls gibt es in Westphönizien beträchtlich mehr Zeugnisse für Leichenverbrennung, als je auf den Gräberstätten in Ostphönizien zutage gekommen sind.

Phönizische Göttertraditionen. Sosehr die Westphönizier auf dem Gebiet der Sarkophag-Kunst zurückgeblieben waren, so eifriger waren sie andererseits in der Herstellung von Grabsteinen bzw. -stelen. Stelen sind auch aus Ostphönizien wohlbekannt, hinter ihnen steht eine lange Tradition der Aufstellung von Votivsäulen oder Gedenksteinen der einen oder anderen Art. Wahrhaft im Überfluß aber gibt es sie in Westphönizien. Allein Motye hat Hunderte von ihnen hervorgebracht; Karthago Tausende. Stelen treten in den verschiedensten Größen und Formen auf; ein besonders häufiger Typ ist indessen eine ungefähr rechteckige Platte aus Sand- oder Kalkstein – bisweilen spitz zulaufend und gewöhnlich auf der Vorderseite mit roh gemeißelten Schmuckformen verziert. Nicht wenige karthagische Stelen tragen das Emblem der Göttin Tanit: ein Dreieck mit einem auf seiner Spitze waagrecht balancierenden Balken und einem Kreis darüber. Diese drei Bildelemente ergeben zusammen mühelos die Vorstellung einer mit einem Rock bekleideten menschlichen Figur. Tanit war offenbar auch auf irgendeine Weise mit dem Mond verbunden, denn über ihrem Emblem schwebt oft eine Halbmondsichel.

Wer diese Tanit genaugenommen war, wie sie unter die karthagischen Götter geriet, ist ziemlich rätselhaft. Als die tyrische Prinzessin Elissa nach Westen floh, um dort Karthago zu gründen, nahm sie einen Hohepriester der Göttin Astarte und 80 Jungfrauen mit sich. Seitdem bestand der Astarte-Kult – mit lokalen Abwandlungen, bedingt durch die Einbeziehung von Namen und Eigenschaften griechischer und römischer Gottheiten, wodurch eben die phönizische Götterwelt so schwer überschaubar wird – in der einen oder anderen Weise, solange es überhaupt ein Karthago gab.

Es ist sogar möglich, daß Astarte als Tanit wieder zurück in den Osten gelangte und dort unter die Götter der ostphönizischen Städte aufgenommen wurde. Im Jahre 1971 fand man eine ganze Schiffsladung kleiner Tanit-Tonfigürchen nur eine Meile vor der israelischen Küste, unweit der alten Phönizierstadt Akka, auf dem Meeresboden verstreut. Von dem Schiff, das sie transportiert hatte, war keine Spur zu entdecken. Die israelischen Archäologen, die diesen Fund machten, glauben, daß das Schiff auf dem Wege nach dem Osten war – vielleicht von Karthago kommend, dem Zentrum der Tanit-Verehrung.

Baal selbst wurde vom Osten nach Karthago gebracht, wo er den Namen Baal Hammon oder «Herr des wohlriechenden Altars» trug – ein Hinweis auf die großen Mengen von Weihrauch, die ihm bei seinen Gottesdiensten geopfert wurden. Sein genauer Status in Karthago wird nicht recht deutlich, denn die oberste männliche Gottheit der Mutterstadt Tyros, Melkart, wurde ebenfalls nach Karthago gebracht und dort jahrhundertelang verehrt. Tat-

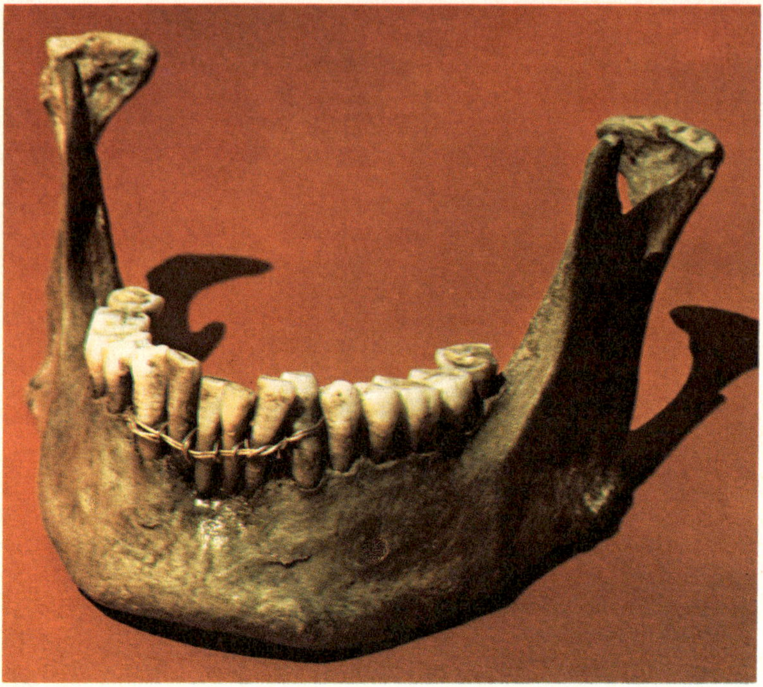

Daß die Phönizier geschickte Zahntechniker waren, beweist dieser männliche Unterkiefer, den man in einem Sarg in Sidon fand. Die Vorderzähne hatten sich infolge von Parodontose gelockert und wurden mit Hilfe eines Golddrahtes fest zusammengehalten. Die «Prothese» leistete ihrem Träger offensichtlich viele Jahre lang gute Dienste, wie der Abnutzungsgrad des Golddrahtes zeigt.

sächlich traf in der karthagischen Frühzeit Jahr für Jahr eine fromme Abordnung in offizieller Mission in Tyros ein, zu dem Zweck, Melkart im dortigen Tempel Karthagos Verehrung darzubringen.

Melkart verkörpert also die Verbundenheit mit dem in der Heimat zurückgelassenen System und ist auf diese Weise ein Ausdruck von politischem Konservatismus in der neuen Stadt im Westen. Er war der Schutzpatron der alten Adelsfamilien in Karthago, insbesondere der Barkiden, die eine Reihe glänzender Feldherren hervorbrachten: Hamilkar Barkas, zwei Hasdrubals, Hannibal und Mago. Ein schwacher Widerhall der politischen Kämpfe in Karthago, seiner Klassengegensätze, wird deutlich in dem Auf und Ab der Götter, in deren Namen die verschiedenen Parteien einander befehdeten. Im Laufe der Zeit trat an die Stelle von Melkart und Astarte das Götterpaar Baal-Tanit.

So wechselten teilweise auch ihre Funktionen: Mit der Zeit trat für die Karthager Tanit an die Stelle von Astarte als Erdmutter. Sie wurde die Gemahlin Baal Hammons in der gewohnten phönizischen Dreieinigkeit von Vater, Mutter und Sohn. Nach Ansicht einiger Wissenschaftler läßt sich Tanits Aufstieg innerhalb der Götterhierarchie auf eine katastrophale Niederlage zurückführen, die die Karthager 480 v. Chr. bei Himera erlitten, als sie versuchten, die Griechen aus Sizilien zu vertreiben. Dieser Rückschlag bewirkte eine Rückbesinnung Karthagos auf sich selbst, eine immer stärkere Hinwendung zu orientalischen und afrikanischen Angelegenheiten. In diesem politischen Klima rückte Tanit in den Vordergrund. Andere Wissenschaftler halten sie überhaupt für afrikanischen Ursprungs und glauben, in ihrem Aufstieg zur höchsten Gottheit drücke sich Karthagos eigene geographische Lage aus: Als kleine phönizische Enklave inmitten einer großen autochthonen Bevölkerung von Libyern, Numidern und Berbern und zwangsläufig durch Heirat und den ständigen Kontakt mit dem Glauben ihrer Umgebung beeinflußt.

Wie dem auch sei, die große Zahl der der Göttin Tanit nach etwa 500 v. Chr. geweihten Votivsteine, die man in Karthago gefunden hat, bezeugen ihren Vorrang seit jener Zeit.

Der Fall der phönizischen Religion und Kultur. Obwohl die karthagischen Priester entschlossen waren, ihre Religion rein und unverfälscht zu bewahren (von ihrer eigenen Macht ganz abgesehen), mußte sie doch mit der Zeit den griechischen und römischen Göttern weichen. Diese galten als Abbild einer fortschrittlicheren, flexibleren und rundum interessanteren Gesellschaft mit einer lebendigeren Kunst, einer fortschrittlicheren Politik, soweit es die Produktion und den Handel betraf.

Im Osten wurden die phönizischen Götter und die phönizische Kultur rasch von den griechischen Göttern und der griechischen Kultur verdrängt. Schon zu Alexanders des Großen Zeit war Melkart ein halber Herakles, wie er es auch in Karthago war. Baal Hammon, der letzte der grausamen Götzen, dem Kinder geopfert wurden, ging im römischen Saturnus auf. Tanit wurde zur Göttermutter Juno. Nach dem Untergang Karthagos 146 v. Chr. hielten sich seine Priester noch ein paar Generationen lang, wobei sie sich mehr und mehr auf eine afrikanische Anhängerschaft einstellten. Sie erhielten ihre Sprache noch eine Zeitlang unter den Numidern lebendig. Der große Gott Baal, der ein Jahrtausend mit eherner Stimme in vielen Städten gesprochen hatte, stürzte. Sein Priesteranhang versank in der Anonymität. Die Sprache, in der er angebetet worden war, sank zu einem Flüstern herab, bis sie schließlich ganz verstummte.

Oben: In einem aus dem 3. Jahrhundert v. Chr. stammenden Grab bei Karthago entdeckte man diesen punischen Bronzepanzer, der aus Brust- und Rückenplatte besteht und mit Schulterschließen und einem Gürtel versehen ist, um ihm festen Sitz zu geben. Der Ausführung nach ist er italisch, möglicherweise war sein Besitzer ein italischer Söldner in Hannibals Heer. Unten: Das Original dieser eisernen Lanzenspitze aus dem Isola-Lunga-Wrack (s. S. 31) ist längst von Rost zerstört – trotzdem ließ sich ihre Form wiedergewinnen. Um das zerfallende Metall hatte sich eine mineralische Kruste gebildet, so daß ein Hohlraum entstand. Man brauchte ihn nur mit Gips auszufüllen, um das hier abgebildete Duplikat zu erhalten.

6. Aufstieg und Fall Karthagos

Die Geschichte Westphöniziens ist im Grunde die Geschichte Karthagos. Zwar weiß man nur sehr wenig über die meisten anderen Städte und Handelsniederlassungen, mit denen die Phönizier die Küsten des Mittelmeers überzogen, doch bei Karthago liegt der Fall ganz anders. Seine Gründung ist durch Fakten belegt, so sehr diese auch durch Sagen verschleiert sind. Das Wesen der karthagischen Gesellschaft läßt sich erahnen, obwohl sie sich in jahrhundertelanger Eigenentwicklung von Ostphönizien entfernt hat. Die Geschichte kann trotz der vielen Lücken zurückverfolgt werden. Denn Karthago wurde so groß und mächtig, daß seine Rivalen, Griechenland und Rom, sich immer intensiver mit ihm befaßten, sich schriftlich zu ihm äußerten und es schließlich so zu hassen lernten, wie man nur seinen ärgsten Todfeind hassen kann.

Der Thronstreit in Tyros. Der Sage nach wurde Karthago 814 v. Chr. gegründet als Folge eines Thronstreits in Tyros zwischen König Pygmalion und seiner Schwester Elissa. Diese war mit dem Hohepriester Archabus verheiratet, der nicht nur einer der reichsten Männer von Tyros, sondern auch ihr Onkel war. Hier wird wieder einmal eine Verbindung zwischen einer weltlichen und einer priesterlichen Macht deutlich, wie es sie oft bei den Phöniziern gab.

Ob Archabus, mit einer Adelsclique hinter sich, aus priesterlichem Ehrgeiz handelte oder ob er von seiner ehrgeizigen Frau angestachelt wurde, ist unbekannt. Wie dem auch sei, auf jeden Fall ließ König Pygmalion den Hohepriester Archabus ermorden. Danach versuchte er soviel von Archabus' Vermögen wie möglich wieder an sich zu raffen. Elissa, die ebenfalls um ihr Leben fürchten mußte, hatte Glück, daß sich das Vermögen ihres Gatten in fremder Verwaltung befand. Dieser Umstand verschaffte ihr gerade Zeit genug – unter dem Vorwand, daß sie es zusammenbringen würde, um es ihrem Bruder zu übergeben –, insgeheim eine Schiffsflotte auszurüsten. Sie brachte das Vermögen an Bord und floh mit einer rasch zusammengeholten Schar völlig verängstigter adliger Anhänger nach Zypern. Dort nahm Elissa einen anderen Hohepriester, diesmal der Astarte, auf. Außerdem warb – oder entführte – sie 80 Mädchen, die, so erzählt die Sage weiter, der Astarte als Tempeldirnen dienen sollten in einem Tempel, den Elissa erbauen wollte. So verstärkt, setzte Elissa die Segel und nahm Kurs auf die der Insel Sizilien gegenüberliegende libysche Küste.

Der Landkauf. Nachdem ihre Wahl auf ein leicht zu verteidigendes Vorgebirge gefallen war, trat sie in Kaufverhandlungen mit den einheimischen libyschen Stämmen ein. Eine interessante Geschichte knüpft sich hieran: Die Stammeshäuptlinge ließen sich überreden, Elissa Land zu verkaufen, aber nur so viel, wie sie mit einer Ochsenhaut bedecken konnte. Da zerschnitt Elissa die Haut in dünne Streifen und umgrenzte mit ihnen ein ansehnliches Stück Land rings um einen Hügel, der dann die Festung der Stadt wurde und später den Namen Byrsa erhielt.

Man muß jedoch berücksichtigen, daß diese Geschichte von den Griechen erzählt wird, die in den Phöniziern schlaue, durchtriebene Händler sahen; ein derartiger Trick hätte also durchaus zu Elissa gepaßt. Es könnte aber auch eine List sein, die die Griechen selbst ausgeheckt haben, und ein Unterton widerwilliger Bewunderung ist nicht zu überhören. Ihr größter Held, Odysseus, war ja selbst ein Schwindler, der sich mehr mit Lug und Trug weiterhalf als mit Taten. Und schließlich die Tatsache, daß *byrsa* im Griechischen «Haut» bedeutet. Erklärt dies, daß die Zitadelle von Karthago den Namen Byrsa trug? Oder handelt es sich um einen nachträglichen Versuch, die zufällige Namensgleichheit mit einer guten Geschichte zu erklären? Ein Altertumsforscher weist darauf hin, daß *byrsa* auch eine griechische Wiedergabe des semitischen Wortes für Festung sein könne. Der Name Karthago selbst ist von zwei phönizischen Wörtern abgeleitet: *kart* (Stadt) und *chadascht* (neu).

Auf jeden Fall war es sicher keine einfache Situation für Elissa und ihre kleine Schar von Adligen, mitten unter Fremden und möglicherweise Feinden zu leben. Fast ein Jahrhundert hören wir nichts von ihnen – außer zwei weiteren Geschichten.

Der Freitod der Königin Elissa. Die erste und zugleich bekannteste erzählt Homer in der *Odyssee*. Dort erscheint Elissa unter dem Namen Dido als schöne, sinnliche Königin, die sich in einem luxuriösen Palast mit einem jungen Liebhaber – einem Flüchtling aus Troja namens Äneas – die Zeit vertreibt. Als aber Äneas ihrer überdrüssig wird und sie verläßt, gibt Dido sich den Tod. Homers Erzählung ist nichts als Legende: Troja fiel rund 400 Jahre vor der Gründung Karthagos. Außerdem hatte Dido sicherlich keinen prächtigen Palast, um sich darin zu ergehen. Die ersten Karthager waren vermutlich eine Reihe von Jahren sehr arm und durchaus auf ihre Kontakte mit Tyros angewiesen.

Freilich schlug der Selbstmord, wie wir noch sehen werden, zu wiederholten Malen eine besondere Seite der spröden karthagischen Seele an. Es war mit Elissas Charakter durchaus nicht vereinbar, sich selbst zu töten; aber eine bessere Erklärung für ihren Entschluß gibt der römische Historiker Justinus (100–165 n. Chr.), der mehrere Jahrhunderte nach der Tat schrieb. Nach seinem Bericht forderte, als Karthago noch jung und sehr arm war, ein

In vielen Gräbern in Karthago und anderen phönizischen Städten wurden Masken aus Terrakotta gefunden. Die Masken sind nicht ganz lebensgroß – zu klein also, als daß sie hätten getragen werden können. Deshalb ist man heute der Meinung, daß die Masken mit ihren fratzenhaften Grimassen die bösen Geister aus den Gräbern der Toten vertreiben sollten. Die meisten der gefundenen Masken (wie die abgebildete) stammen aus der Zeit von 700–500 v. Chr.

ungehobelter und abstoßender Stammeshäuptling aus der Nachbarschaft von den Ältesten der Stadt, sie sollten ihm Elissa zur Frau geben; andernfalls würde er die noch um ihre Existenz ringende kleine Kolonie zerstören. Die Ältesten steckten in einem argen Dilemma: Überzeugt, daß Elissa sich weigern würde, fürchteten sie sich einerseits, ihrer herrischen Königin die Forderung vorzutragen, getrauten sich andererseits aber ebensowenig, ihre Weigerung dem Häuptling zu überbringen. Schließlich griffen sie, wie Justinus sich ausdrückt, zu einer «karthagischen List» und beschlossen, Elissa mitzuteilen, von ihnen selbst habe man verlangt, zu den Nachbarstämmen zu gehen und bei ihnen zu leben, um sie zu zivilisieren; sie hätten aber Angst davor wegen der Gefahren und dem Schmutz des Stammeslebens. Wie vorauszusehen, schalt Elissa sie, daß sie nicht bereit seien, auch unter Einsatz des eigenen Lebens dem Wohl der Stadt zu dienen. Kaum hatte sie das gesagt, da offenbarten ihr die Ältesten, was der Stammesfürst in Wirklichkeit gefordert habe, und Elissa hatte sich mit der Opferbereitschaft, die sie den Ältesten zumutete, selbst gefangen. Sie ließ sich drei Monate Zeit, einen gewaltigen Scheiterhaufen aufzurichten. Am festgesetzten Tage opferte sie einige Menschen (Justinus nennt uns nicht ihre Namen), bestieg den Scheiterhaufen und erdolchte sich.

Legende oder Wirklichkeit. Elissa-Dido gab es wirklich, daran kann kein Zweifel sein; man weiß, daß sie die Schwester des Königs Pygmalion war, und alle antiken Geschichtsschreiber berichten übereinstimmend, daß Pygmalions Schwester Karthago gründete. Es ist jedoch fraglich, ob der Gründung wirklich eine panikartige Flucht voranging oder ob die neue Kolonie nicht eher ein wohlüberlegter Schritt war in einem Plan der Stadt Tyros, im Westen Fuß zu fassen, außerhalb der Reichweite der assyrischen Invasoren. Im Moment der Erschließung des Westens und der beginnenden Konjunktur des Metallhandels konnte es für Tyros nur von Vorteil sein, an der Handelsroute nach Spanien auf halbem Wege einen starken Stützpunkt zu haben.

Hinsichtlich des Gründungszeitpunkts liefert die Person Elissas selbst einen Anhaltspunkt. Sie war die Großnichte der aus der Bibel bekannten Isebel, einer phönizischen Prinzessin. Da man weiß, daß Isebel um 850 v. Chr. lebte, dürfte Elissa etwa 40 Jahre danach eine erwachsene Frau und in der Lage gewesen sein, die große Aufgabe der Gründung einer karthagischen Kolonie zu übernehmen. Das hierfür überlieferte Datum 814 v. Chr. könnte danach also ungefähr zutreffen, paßt jedoch nicht zu der Datierung der phönizischen Keramik.

Eine rätselhafte Zeitlücke. Wie bereits festgestellt, haben die archäologischen Grabungen in Karthago nichts zutage gebracht, was sich auf einen früheren Zeitraum als etwa 735 v. Chr. datieren läßt. So fehlt immer noch eine Erklärung für jene Zeitlücke von fast 80 Jahren. Diese könnte darin liegen, daß die Radiokarbondatierung von 3000 Jahre alten oder jüngeren Objekten für eine genaue zeitliche Festlegung nicht fein genug ist. Ein Irrtum um 50 oder 100 Jahre ist deshalb nicht auszuschließen. Man hofft jedoch, daß die riesige Sammlung von Keramikscherben, die man in Sarepta zutage gefördert hat, schließlich doch eine genaue Datierung liefern wird. Die von Archäologen erarbeitete Abfolge von Formen und Stilen ist so umfassend und präzise, daß nur irgendein «hartes» Objekt gefunden werden muß, das in dieses Schema paßt – z. B. eine ägyptische Inschrift mit dem Namen eines Königs, dessen Daten bekannt sind –, um das Alter der einzelnen Keramikstücke von Sarepta zweifelsfrei bestimmen zu können. Ägyptische Produkte wurden von den Phöniziern als Handelsware weiterbefördert und können durchaus in der Nähe von Brennöfen, wie man sie gefunden hat, gelagert worden sein.

Der phönizische Rotschlicker. Ist das erst einmal geschafft, können sich die Archäologen der Lösung eines anderen Rätsels zuwenden: dem Problem des Rotschlickers. Damit ist eine bestimmte Keramikbearbeitung gemeint, die von einem sehr frühen Zeitpunkt an in Sarepta weitverbreitet war. Und zwar verliehen die Phönizier der Innenwandung eines Tongefäßes dadurch eine glatte Oberfläche, daß sie die Innenseite mit einer wasserver-

Von Geld ist die Rede, von wem noch?

«Oft stahl ich mich . . .

... vom Theater oder vom Konzertsaal hinweg, um einen Blick in den gestirnten Himmel zu werfen, kehrte aber immer noch zu rechter Zeit zurück, um meinen Platz in der Musik einzunehmen.» Die Musik war für den Mann, der das schrieb, der Broterwerb, die Astronomie das Hobby – vorerst noch. Als 19jähriger war der Sohn eines armen Musikers aus Hannover bei Ausbruch des Siebenjährigen Krieges nach England desertiert und schlug sich als Musiker und Komponist durch.

Um die Sterne besser beobachten zu können, baute er sich selbst ein Teleskop. Solche Apparate waren damals in brauchbarer Größe unerschwinglich für einen Oboenbläser und Organisten. Mit seinem Fernrohr entdeckte der Himmelsgucker alsbald einen neuen Planeten, den er Georgium Sidus nannte (damals regierte in England der dritte George). Heute ist der Planet (die erste Neuentdeckung seit den Zeiten der Babylonier) als Uranus bekannt.

Dieser Stern brachte dem inzwischen 43jährigen Mann Glück. Er wurde zum Privatastronomen des englischen Königs ernannt und erhielt, ebenso wie seine Schwester und Assistentin, ein festes Jahresgehalt. Um sein Einkommen, das nicht zu üppig war, aufzubessern, fertigte und verkaufte er nebenbei Teleskope. Erst im Alter von 50 Jahren war er endlich aller finanzieller Sorgen enthoben, nachdem er die reiche Witwe eines Londoner Kaufmanns geheiratet hatte.

Nach seinem Tode (1822) führten seine Schwester Karoline und sein Sohn John die astronomischen Arbeiten fort. Von wem war die Rede?

(Alphabetische Lösung: 8-5-18-19-3-8-5-12)

dünnten Mischung aus extrem feinem, rötlichem Ton bestrichen und dieses Rotschlickermaterial anschließend auf der rotierenden Töpferscheibe mit Hilfe eines kleinen Geräts oder Kiesels auf der Gefäßwandung glattstrichen. War die rohe Tonoberfläche derart durch den Rotschlicker versiegelt, wurde das Gefäß in einem Ofen gebrannt und erhielt so eine ganz unverwechselbare Innenglasur. Zwar waren schon lange vor dem historischen Auftreten der Phönizier nichtporöse Tongefäße hergestellt worden, aber der besondere Rotschlicker, den sie verwendeten, scheint etwas speziell Phönizisches gewesen zu sein. Das Problem ist also, herauszufinden, wo und wann dieser phönizische Rotschlicker zuerst auftrat. Er kommt in großen Mengen in Karthago und anderen westphönizischen Siedlungen vor. Vermutlich wurde er aus Ostphönizien importiert. Sollte sich dies als richtig herausstellen, sollte sich ferner der Zeitpunkt seiner ersten Verwendung im Osten als früh erweisen und sollte sich schließlich eine Übereinstimmung zwischen älteren phönizischen Rotschlickergefäßen in Sarepta und manchen der in Karthago gefundenen Stücke zeigen, dann kann die Wissenschaft endlich bestätigen, daß Karthago wirklich so alt ist, wie die Überlieferung behauptet.

Macht über «Westphönizien». Nach seinem mühsamen Start wuchs Karthago rasch zum mächtigsten und reichsten der vielen phönizischen Vorposten im Westen heran. In seinen Kriegen – anfänglich gegen die Griechen, später gegen die Römer – scharte es seine afrikanischen Nachbarn als Verbündete um sich, leitete die Feldzüge, unterhielt eine große Kriegsflotte und bestimmte die Handelspolitik. Die Träume, die andere westphönizische Städte etwa in bezug auf wirtschaftliche Unabhängigkeit hatten – so wie die Mutterstädte im Osten sie genossen –, scheiterten letztlich an Karthagos Expansionspolitik, die von einer ununterbrochenen Reihe machthungriger Heerführer getrieben wurde. Karthago bot den übrigen phönizischen Städten anfangs eine geschlossene antigriechische Front und kam unter diesem Feldzeichen der Gründung eines festen Reiches so nahe, wie es den Phöniziern überhaupt möglich war.

Es war eine große Leistung, wenn auch nicht immer zum Besten des Staates. Die Karthager hatten zwei Probleme, die ihre östlichen Vettern nicht kannten, aber sie hatten auch die Chance, neue Regierungsformen zu erproben und neuartige Handelsbeziehungen mit ihren Nachbarvölkern zu entwickeln. Die Geschichte der Karthager war im ganzen gesehen gewalttätig, ihre Religion düster und grausam, ihr Regierungssystem autokratisch. Sie hatten kein Vertrauen zu ihren Führern und machten mit vielen von ihnen kurzen Prozeß, wenn sie von ihnen enttäuscht waren. Ihre Kunst war ohne eigenen Charakter. Trotzdem waren sie länger als ein halbes Jahrtausend im Mittelmeerraum eine bedeutende Macht. In gewissen Zeitabschnitten beherrschten sie einen großen Teil der damaligen zivilisierten Welt.

Kriege und Aufstände. Die beiden Probleme, mit denen die Karthager über mehrere Jahrhunderte hin zu kämpfen hatten, waren einmal die Griechen und zum anderen die einheimischen Afrikaner. Erstere waren den Karthagern an Anpassungsfähigkeit, Energie, Intelligenz und Kampfgeschick vollkommen ebenbürtig. Die beiden Völker wurden erbitterte Handelsrivalen und fochten lange, unentschiedene Kriege aus. Die Afrikaner stellten die Karthager vor ein anderes Problem. Sie umgaben mit ihrer zahlenmäßig starken Bevölkerung Karthago auf allen Seiten und waren in der Frühzeit der Stadt überlegen genug, einen jährlichen Tribut für das Gebiet zu erzwingen, das sie Elissas Leuten abgetreten hatten. Aber je kräftiger Karthago wurde, desto mehr wuchs es in sein Hinterland hinein, um sich das umliegende Ackerland anzueignen. Dieses war außerordentlich fruchtbar, und die Adelsfamilien erwarben große Güter, die sie intensiv bewirtschafteten. Schließlich stellten sie die Tributzahlungen an die Libyer ein. Die ursprünglichen Grundbesitzer wurden aus ihrem Eigentum vertrieben, als Landarbeiter beschäftigt oder als kleine Pächter schwer besteuert. Vom karthagischen Bürgerrecht waren sie ausgeschlossen; sie wurden gering geachtet und vermutlich sehr schlecht behandelt. So stellten sie mit der Zeit ein unzuverlässiges Element in der karthagischen Gesellschaft dar. Da sie zahlenmäßig weit überlegen waren, bildeten die Eingeborenen eine beständige Gefahr und erhoben sich auch tatsächlich bei mehreren Gelegenheiten.

Am berühmtesten wurde der Aufstand, der ausbrach, als Karthago gerade den ersten von drei erbittert geführten Kriegen gegen die Römer verloren hatte. Als Folge waren der Stadt erdrückende Entschädigungszahlungen aufgebürdet worden, die sie außerstand setzten, ihre Söldnertruppen zu entlohnen. In diesem Heer hatten sich ehemalige Sklaven, übergelaufene Griechen, enteignete Sizilianer, rauhe Mietsoldaten aus Spanien eingefunden – kurz, der Abschaum der Mittelmeerwelt. Im Jahre 241 v. Chr. rebellierten die Söldner, und es gelang ihnen, die libysche Bevölkerung zu einem Aufstand anzustiften. Daraus ergab sich ein dreieinhalb Jahre dauernder, chaotischer Kleinkrieg, der sich auf beiden Seiten durch abschreckende Grausamkeit auszeichnete. Schließlich wurde die Revolte niedergeschlagen, aber Karthago blieb danach so geschwächt, daß es einer neuerlichen römischen Erpressung nachgeben und seine Besitzungen in Sardinien herausgeben mußte.

Das Bündnis mit den Etruskern. Doch all dies war viel später. Vorerst waren Karthagos Feinde die Griechen, die schon etwa 80 Jahre nach der Gründung in kleinen Gruppen nach Sizilien gelangten. Eine Gruppe kam 735 v. Chr. aus Chalkis auf Euböa, eine andere 734 aus Korinth, eine dritte 728 aus Megara. Innerhalb von 50 Jahren gab es überall im östlichen und mittleren Sizilien griechische Siedlungen, alle sowohl voneinander als auch vom griechischen Mutterland völlig unabhängig. Wir wissen wenig von den Beziehungen zwischen den Griechen und Karthagern in dieser frühen Periode. Aber als die griechischen Siedlungen sich immer weiter ausbreiteten, beschloß Karthago sehr bald, dem Einhalt zu gebieten. Es begann, seine sizilianische Ansiedlung Motye mit Macht zu verstärken, und baute sie schließlich zu einer mauerbefestigten Stadt aus. Später schlossen die Karthager dann ein Bündnis mit den Etruskern, einem Volk, das über ein mächtiges Reich in Mittelitalien herrschte. Mit ihrer Hilfe war Karthago imstande, sich auf Korsika festzusetzen und ein paar Küstenorte auf der Insel Sardinien unter seine Kontrolle zu bringen. Schritt für Schritt gelang es den Karthagern – unterstützt durch das Bündnis mit den Etruskern –, ihren Einfluß auf Sardinien und Korsika zu verstärken. Das bedeutete, daß die Handelsstraßen vom Osten nach Spanien – sowohl die nördlich wie die südlich an Sizilien vorbeiführenden – fest in karthagischer Hand waren. Die Griechen waren auf diese Weise erfolgreich von dem gewinnbringenden Handel mit Spanien abgeschnitten, und die Karthager konnten sich ungestört dem spanischen Metallmonopol widmen.

Massenumsatz statt Qualität. Das taten sie sehr ausgiebig und wurden reich dabei, aber auf eine ihnen nicht zuträgliche Weise. Die Karthager gingen mit diesen Silber- und Zinnschätzen ganz ähnlich um wie die spanischen Konquistadoren etwa zwei Jahrtausende später mit dem Goldregen, der sich aus der Neuen Welt in ihre Truhen ergoß.

So benutzte auch Karthago seinen Reichtum anfangs zu kaum etwas anderem, als die Macht der Aristokratie zu stärken und die Kriege zu finanzieren, die die Regierenden als Teil ihrer Handelspolitik eifrig führten. Die Karthager waren nicht so sehr Händler und Erzeuger von Qualitätsprodukten aller Art, wie die Bewohner der ostphönizischen Städte. Vielmehr war Karthago ein Massenumschlagplatz für Edelmetalle, Elfenbein und andere Rohstoffe. Diese kamen auf dem Handelswege letzten Endes in die Hände seiner Konkurrenten, die vielfach schöpferischeren Gebrauch davon zu machen wußten. Wo immer griechische oder auch ägyptische Produkte an den Ständen neben karthagischen auslagen, schnitten letztere schlecht ab. So konnte Karthago seine Märkte nicht durch überragende Qualität seiner Erzeugnisse kontrollieren, sondern lediglich durch Gewalt – durch den Ausschluß der Konkurrenz. Notgedrungen nahmen seine Kunden, da sie nichts Besseres bekommen konnten, mit dem minderwertigen Warenangebot vorlieb, das Karthago ihnen vorsetzte. Die karthagische Wirtschaft war mehr auf Massenumsatz als auf Qualität ausgerichtet und überflutete den Westen mit seinem Warenausstoß.

«König» Mago. Es ist leicht, Karthago vorzuwerfen, daß es keine geschicktere Politik betrieben habe, aber Urteile dieser Art sind töricht. Die

Die «Frau im Fenster» ist auf kleineren phönizischen Elfenbeinschnitzereien ein weitverbreitetes Motiv – wenn auch unklar bleibt, um wen es sich dabei handelt: eine Göttin, eine Priesterin oder eine schlichte Bürgersfrau (Ausschnitt aus einem Elfenbeinfragment).

Menschen handeln immer so, wie sie innerhalb der Grenzen ihrer eigenen Erfahrung, ihrer Kultur und unter dem jeweiligen äußeren Druck zu handeln vermögen. Die Karthager waren nach dem Gesetz einer autoritären, oligarchischen Lebensform angetreten, die zudem unter dem Diktat einer strengen Religion stand. Unter dem Druck der Griechen gingen sie immer mehr zu einer Eindämmungspolitik über und bedienten sich zu diesem Zweck ihrer herkömmlichen Führungsschicht.

Die frühesten Herrscher Karthagos sind unbekannt. Es gibt Erwähnungen eines Königs Malchus, aber dieser Name leitet sich wahrscheinlich von einem alten semitischen Wort für Herr oder König her und dürfte eher einen Titel als eine bestimmte Person bezeichnen. Der erste karthagische Führer, den die Geschichte mit Namen kennt, ist «König» Mago. In Wirklichkeit war Mago ein Heerführer, das Oberhaupt einer sehr mächtigen und reichen Adelsfamilie. Er errang Siege über die Griechen in Sizilien und begründete um 550 v. Chr. eine Feldherrendynastie – die der Magoniden –, die in den kriegerischen Unternehmungen Karthagos für etwa 150 Jahre eine hervorragende Rolle spielen sollte. Ob Mago das wirkliche Oberhaupt des karthagischen Staates war, bleibt offen. Den meisten Quellen zufolge wurden die karthagischen Heerführer gewählt und versahen ihr Amt, solange es einem Rat gefiel, der sich aus einem kleinen Kreis adliger Familien rekrutierte. Dieser Rat bestimmte die Richtlinien der Handelspolitik und leitete die Staatsgeschäfte mehr oder weniger nach eigenen Maßstäben. Daß Karthago jemals eine erbliche Monarchie hatte, ist zu bezweifeln. Die eigentliche Macht scheint bei bestimmten Familien gelegen zu haben, die sich untereinander erbittert befehdeten.

Von Mago wird berichtet, er habe Karthago zu einer aggressiven Außenpolitik getrieben, die Kriegsflotte aufgebaut, ein militärisches Bündnis mit den Etruskern geschlossen und das erste Söldnerheer Karthagos geschaffen. Söldner waren eine Notwendigkeit, denn es gab zu wenige vollwertige Karthager, um mehr als eine Offizierskaste zu bilden. Aber Söldner und der Unterhalt einer ausreichenden Flotte waren teuer. Die Kosten wurden großenteils durch den Metallhandel gedeckt, den wiederum die neue Kriegsmacht schützte.

Karthagos Politik. Die neue Politik sowie die Absonderung der Kolonie von Tyros führten Karthago von der traditionellen phönizischen Rolle des friedlichen Händlers fort und drängten es zwangsläufig auf den Weg eines bedenkenlosen Imperialismus. Als die anderen westphönizischen Siedlungen unter die karthagische Gewalt kamen, hatten sie weder nennenswerten direkten Anteil am Metallhandel noch Mitspracherecht hinsichtlich Ort und Zeitpunkt der Kriegsführung – außer daß man von ihnen erwartete, daß sie ihren militärischen und finanziellen Beitrag leisteten.

An Kriegen mangelte es nicht. Die Feldzüge waren zunächst im allgemeinen erfolgreich und erhöhten die Stellung der Magoniden, die es fertigbrachten, ihre Macht mit einer Aura des Mystischen zu umgeben, indem sie Nationalismus und religiösen Fanatismus für ihre Zwecke einspannten. Das «Mystische» bedingte, daß die Heerführer selbst vorbildhaft nach der strengen punischen Religion handelten – und das taten sie wirklich. Von wenigstens zweien wird berichtet, daß sie auf dem Schlachtfeld Selbstmord begingen, als sie merkten, daß ihre Seite den Kampf verloren hatte.

Die Führerstellung der Magoniden brachte, außer einer gewissen Kontinuität, noch einen weiteren Vorteil. Sie sprachen im Namen ganz Westphöniziens, nicht bloß ihrer Stadt. Diese beiden Faktoren gestatteten Karthago den Luxus einer einheitlichen – wenn auch nicht immer klugen – Außenpolitik, etwas, was die Griechen vor Alexander dem Großen nie zustande brachten. Die Griechen waren sich aus alter Gewohnheit selbst die ärgsten Feinde. Ihre chronische Unfähigkeit, miteinander auszukommen – besonders in Sizilien –, führte schließlich 480 v. Chr. zur Schlacht von Himera zwischen dem Magoniden Hamilkar und dem Griechen Gelon. Karthago hatte ein Bündnis mit dem Griechen Terrilos, und als Gelon diesem zu aggressiv und zu erfolgreich wurde, wandte er sich an seinen karthagischen Bündnispartner Hamilkar mit der Bitte, ihm beim Sturz Gelons zu helfen.

Der Untergang der Magoniden. Zufällig fand diese Schlacht zu der Zeit statt, als die Perser – mit ostphönizischer Flottenhilfe – in Griechenland selbst eindrangen. Obwohl sich der traditionellen Geschichtsschreibung entnehmen läßt, daß Karthago von der persischen Invasion gewußt hat, besteht wenig Grund zu der Annahme, daß es davon irgendwie beeinflußt wurde. Wahrscheinlicher ist, daß den Karthagern daran lag, zu verhindern, daß eine einzelne griechische Stadt auf Sizilien zuviel Macht gewann. Wie dem auch sei, jedenfalls kam Karthago Terrilos zu Hilfe, mit dem Ergebnis, daß es bei Himera, einer griechischen Stadt in der Nähe von Palermo, eine empfindliche Niederlage erlitt. Danach blieb dem karthagischen Feldherrn Hamilkar nur eines: sich selbst den Tod zu geben. Die Überlebenden schlugen sich auf ihren beschädigten Kriegsschiffen nach Hause durch. Die Machtstellung der Magoniden zerbröckelte. Rivalisierende Adelscliquen bemächtigten sich der Stadt und regierten sie durch eine Körperschaft von Magistraten. Als diese bei einer Bestandsaufnahme der Lage entdeckten, daß Karthago bankrott und nahezu verteidigungslos war, beschlossen sie offensichtlich, eine völlig andere Politik einzuschlagen. Die Stadt zog sich gleichsam in ihr Schneckenhaus zurück, belegte die Einfuhr aller ausländischen Waren mit einem Verbot und konzentrierte sich ganz auf die Ausweitung ihres afrikanischen Landbesitzes und den Ausbau ihrer Reserven.

Diese Politik hielt 70 Jahre an, und an Karthagos Überresten läßt sich das langdauernde Sparprogramm deutlich ablesen: Innerhalb jenes Zeitraums sind die zuvor vom Kaufmannspatriziat importierten Luxuswaren ausgesprochen spärlich vertreten. Statt dessen wurde der Handel mit dem inneren Afrika erweitert. Karawanenstraßen erreichten südlich durch die Sahara bestimmte ständig besiedelte Oasen, mit denen nun ein verstärkter Gold-, Elfenbein- und Sklavenhandel getrieben wurde. Die Erforschung der Meere wurde intensiviert, und möglicherweise fielen in jene Zeit die berühmten Erkundungsfahrten, die die beiden Admirale Hanno und Himilko längs der afrikanischen Küste und zu den britischen Inseln unternahmen.

Ein Heerführer namens Hannibal. In eben dieser Zeit begann der Aufstieg Roms. Der eigentliche Feind waren jedoch immer noch die Griechen. Während der sieben Jahrzehnte, in denen Karthago sich zurückgezo-

Dieses Profil gilt als dasjenige Hannibals, wenn auch einige Wissenschaftler es dem Gott Melkart zuweisen möchten. Es schmückt ein silbernes karthagisches Dreischekelstück, das in Spanien zwischen 237 und 207 v. Chr. geprägt wurde, zu der Zeit also, als Hannibal gegen die Römer kämpfte.

gen hatte, waren die Griechen pausenlos in innere Kriege verwickelt. Sogar Syrakus, die bedeutende griechische Stadt in Ostsizilien, wurde, als Verbündeter Spartas, in die blutigen Kämpfe mit Athen verwickelt.

Spätestens 410 v. Chr. erkannten die Karthager, daß Syrakus im Begriff war, zu einer gefährlichen Macht auf Sizilien zu werden. Wiederum ließ Karthago sich überreden, einer griechischen Stadt – diesmal Segesta – bei der Niederwerfung einer anderen zu helfen und dadurch Syrakus zu schwächen. Der führende Politiker in Karthago war ein Heerführer namens Hannibal. Es ist nicht der Hannibal, der der Nachwelt am bekanntesten wurde, sondern einer aus wenigstens einem Dutzend berühmter Feldherren dieses Namens. (Es gibt auch eine verwirrende Vielzahl von Hannos, Hamilkars, Hasdrubals und Himilkos in der karthagischen Geschichte – teils miteinander verwandt, teils nicht.) Dieser Hannibal landete mit seinem Heer bei Motye und bestürmte die benachbarte Stadt Selinus neun Tage lang. Nach seinem Sieg fanden die karthagischen Truppen von vielen sizilischen Orten Zulauf. Mit dem dadurch verstärkten Heer wurde nun Himera angegriffen, eben jene Stadt, bei der 70 Jahre früher Hannibals Großvater Hamilkar eine so empfindliche Niederlage erlitten hatte. Hannibal blieb auch hier Sieger und hatte die grimmige Genugtuung, den Tod seines Großvaters zu rächen: 3000 gefangene griechische Soldaten wurden geopfert.

Nach diesem Erfolg kehrte Hannibal nach Karthago zurück und entließ das Heer. Ein paar Jahre später übertrug man ihm – im hohen Alter – den Oberbefehl in einem neuen Angriffsfeldzug gegen Sizilien. Hannibal starb 407 v. Chr. – wohl an der Pest – und ließ seinen Adjutanten und vielleicht auch Verwandten Himilko an der Spitze des Heeres zurück. Die Kenntnis über die Vorgänge in den unmittelbar folgenden Jahren ist lückenhaft. Es ist nur bekannt, daß die Karthager weiterhin in Sizilien aktiv waren und in die verschiedenen inneren Streitigkeiten der griechischen Städte eingriffen. Die griechische Schlüsselfigur in dieser Zeit war Dionysios, ein besonders skrupelloser Heerführer aus Syrakus. Sowie es Dionysios gelungen war, seine Stellung zwischen den vielen griechischen Siedlungen zu festigen, wandte er sich gegen die Karthager und holte zum direkten Schlag gegen das Zentrum der karthagischen Macht in Sizilien aus: die Insel Motye.

Sizilien. Sizilien ist eine vulkanische Insel, bestehend aus grauem Felsgestein, das steil ins Meer abfällt, aus staubigen kleinen Küstenstädten und tief in die Hügel eingeschnittenen Tälern. Weite Teile Siziliens lassen sich so beschreiben, und diesen Anblick bietet die Insel auch demjenigen, der von Palermo aus nach Motye fährt, einem winzigen Eiland an der äußersten Westspitze Siziliens.

Hier kommt die wilde sizilianische Landschaft zur Ruhe. Die Hügel werden flach, Steinwälle ziehen am Strand entlang, steinerne Molen erstrecken sich in die Lagunen hinaus, irgendwo steht eine verlassene Windmühle, ebenfalls aus Steinen erbaut – überhaupt findet man hier eine Unmenge von Steinen, alle sorgfältig zu Quadern behauen, vielfach in großen Blöcken, alt und verwittert. Gegenüber den Salinen – in einer Entfernung von vielleicht sieben-, achthundert Meter – liegt Motye. Alles, was man vom Strand aus sehen kann, ist ein kleines Wäldchen und eine moderne italienische Villa aus Terrakottasteinen.

Ein Troja en miniature. Ein großer Teil der behauenen Steine an diesem einsamen Strand befand sich einst auf jenem Eiland – in Gestalt von Befestigungen, Türmen, gepflasterten Straßen, Gebäuden, und viele stammen von den punischen Friedhöfen an der benachbarten Hügelflanke. Alle diese Steine zeugen von einer längstvergangenen Aktivität und Tatkraft auf Motye. Heute ist hier alles still und friedlich. Doch 397 v. Chr., als Dionysios die Stadt bestürmte, war Motye alles andere als ein Ort der Stille. Es war eine pulsierende Stadt, umgeben von einer starken Mauer, und seine Bucht wimmelte von Schiffen. Es war dieses geschäftige, von Aktivität strotzende Leben, das die Griechen mit Neid erfüllte. Dionysios erschien mit einem Heer an der Küste unmittelbar nördlich der Insel, wo die Nekropole der Motyer lag. Heute noch erkennt man im Wasser die Überreste eines Damms, den die Inselbewohner gebaut hatten, um ihre Zitadelle mit dem Festland zu verbinden. Schnurgerade verläuft er etwa einen Fuß unter dem Wasserspiegel, wenn er auch an mehreren Stellen unterbrochen ist. In einer letzten Verteidigungsanstrengung hatten die Motyer versucht, ihn zu zerstören. Aber weshalb sie es versuchten, weshalb sie sich davon Erfolg versprachen, weshalb schließlich Dionysios auf die Zerstörung von Motye nicht verzichten zu können glaubte – all das ist für den, der heute hierher kommt, schwer zu begreifen. Vom gegenüberliegenden Gestade aus wirkt

Motye so harmlos und schutzlos, so wenig zerstörungswürdig wie ein Garten.

Sobald man aber zu der Insel hinausrudert, einer gewundenen Fahrrinne folgend, die Fischerbooten noch immer die Ein- und Ausfahrt zur Lagune gestattet, ändert sich das Bild. Dies war in der Tat einst eine Festung, ein Troja en miniature, dessen äußere Mauern neun Meter hoch standen. Die Fundamente dieser Mauern, die sich um die ganze Insel zogen, sind noch da. Der massive Steinring war in Abständen von noch höheren steinernen Türmen verstärkt. Die stärksten dieser Türme flankierten den äußeren Hauptzugang zur Stadt. Dort befand sich ein schweres Doppeltor mit einer Steinbarriere in der Mitte, die auf der in die Stadt führenden Straße den hinaus- vom hineinfließenden Verkehr trennte. Weiter innen kam ein zweites Tor, für den Fall, daß das erste nicht standhielt, und danach noch ein drittes. Alles überragten jedoch die flankierenden, übereck gestellten Türme, von denen aus jeder, der über den Damm herankam und das äußere Tor zu erstürmen versuchte, mit einem verheerenden Feuerregen empfangen werden konnte.

Auf der kleinen Insel Motye vor Sizilien lag eine stark befestigte phönizische Siedlung. Die Insel war durch einen künstlichen Damm (der heute unter Wasser liegt, aber noch befahrbar ist) mit dem Festland verbunden. Auf Motye wurde die Dammzufahrt von zwei großen Türmen aus bewacht. Auf der Abbildung sind die noch vorhandenen Treppenstufen zu einem der Türme zu sehen.

Der Sturm auf Motye. Steht man auf den Resten der Mauern von Motye und stellt sich vor, man befände sich, gut mit Pfeilen versehen, noch viereinhalb oder sechs Meter höher, hinter einen Schlitz in der steinernen Brustwehr gekauert, zusammen mit anderen ähnlich über den ganzen Wehrgang verteilten Landsleuten, und sähe hinab auf die von karthagischen Schiffen bedeckte Lagune – so wundert man sich, wie Dionysios diese harte Nuß zu knacken vermochte. Wie der Historiker Diodor (1. Jh. v. Chr.) berichtet, brachte Dionysios eine eigene Flotte mit, die seinem Landheer helfen sollte, die Motyer aus ihrer Stadt zu vertreiben. Aber als er bei seiner Ankunft sah, daß der Damm durchstochen war, zog er mit seinem Heer zunächst ins Landinnere, um andere punische Kolonien zu erobern, und ließ nur die Schiffsbesatzungen zurück, die den Damm reparieren sollten. Er war kaum zurückgekehrt, um den Sturm auf Motye persönlich zu leiten, als Karthagos Kriegsflotte, durch die Gefahr alarmiert, um die Spitze einer vorgelagerten Insel bog und den Lagunenkanal nach Motye herauffuhr. Es sah ganz so aus, als ob Dionysios mit seiner Flotte in eine Falle gegangen und verloren sei. Aber er mobilisierte alle seine Truppen, und unter unerhörten Strapazen arbeiteten sie sich in dem Schlamm vorwärts, wo sie in dem Dickicht von Wasserpflanzen kaum Luft schöpfen konnten. Aber schließlich hatten sie die Schiffe glücklich durch den jenseitigen flachen Teil der Lagune geschoben, über einige Sandbänke und sogar ein Stück der vorgelagerten Insel hinweg, und sicher ins offene Fahrwasser gebracht. Die karthagischen Schiffe konnten durch die flache Lagune nicht folgen; es blieb ihnen nichts übrig, als sich zurückzuziehen und das belagerte Motye seinem Schicksal zu überlassen.

Nun ging Dionysios rasch ans Werk. Die Lagune, die über Jahrhunderte einen wertvollen Hafen für die Motyer gebildet hatte, entpuppte sich jetzt als eine gefährlich schwache Stelle. Sie war zu seicht, um das langsame, aber unerbittliche Vorrücken der Belagerungsmaschinen auf dem Damm gegen Motyes Mauern zu verhindern. Was zu Füßen jener Mauern geschah, als die Kriegsmaschinen ihre Ladung gegen sie abschossen, haben die Archäologen ziemlich genau an den Tag gebracht. Die Griechen kamen tatsächlich auf dem von ihnen wiederhergestellten Damm bis an die Stadt heran und eröffneten den Generalangriff auf das Stadttor. Eine Unmenge von Pfeil- und Speerspitzen wurde hier gefunden, in weit dichterer Konzentration als an irgendeiner anderen Stelle der Insel – Zeugnis für den verzweifelten Kampf, der sich vor dem Tor abspielte. Anscheinend glückte den Syrakusern der Durchbruch, jedoch befanden sie sich danach in einem Gewirr von mehrstöckigen, wehrhaft gebauten Häusern, die jedes eine Festung für sich bildeten. Die Motyer zogen sich auf die flachen Dächer zurück und krochen von einem Gebäude zum nächsten, um jede einzelne Abteilung Griechen von oben herab zu bekämpfen. Auf diese Weise verwickelten sie, obwohl zahlenmäßig hoffnungslos unterlegen, die Eindringlinge in einen tagelangen, überaus heimtückischen Straßenkampf, ehe der Widerstand endlich gebrochen werden konnte.

Motye hätte sich sofort ergeben können, wie es die ostphönizischen Städte so oft getan hatten, und wäre vom Sieger vielleicht etwas nachsichtiger behandelt worden. Aber in den Phöniziern kam manchmal eine zähe Verbissenheit zum Durchbruch. Hatten sie einmal den Entschluß gefaßt, sich auf eine Belagerung einzulassen, so ergaben sie sich nicht, selbst wenn ihre Lage hoffnungslos war. Also wieder ritueller Selbstmord, diesmal im großen Stil? Vielleicht. Sidon erlebte nach einer, Tyros sogar nach drei Belagerungen schlimme Zeiten. Karthago wurde buchstäblich bis zum letzten Mann verteidigt. Und so war es anscheinend auch im Falle Motyes. Es wurde vollständig dem Erdboden gleichgemacht. Die Eroberer veranstalteten ein so barbarisches Blutbad in den Straßen, daß der griechische Feldherr ihm nur dadurch ein Ende machen konnte, daß er den überlebenden Einwohnern in den Tempel zu gehen befahl und seinen Soldaten verbot, ihnen dorthin zu folgen.

Eine ergiebige Fundstätte. Heute wächst auf der leeren Fläche in der Inselmitte, wo einst die Häuser sich drängten, Wein. Von den alten Steinen sind, wie bereits gesagt, viele an die gegenüberliegende Küste geschafft worden, wo man mit ihnen Molen baute. Was noch übrig ist, bedeckt Erde. Gelegentlich stößt eine Pflugschar klirrend an einen Quaderblock oder einen Säulenrest. Fortwährend kommen Tonscherben ans Tageslicht und dann und wann auch ein ganzes Gefäß. Was sonst noch unter dem Weingarten liegt, ist nicht genau bekannt. Seine systematische Erforschung wurde vor ungefähr hundert Jahren von dem Engländer Joseph Whittaker in Angriff genommen, der schließlich die ganze Insel aufkaufte und über seine Arbeit dort ein Buch schrieb. Heute wird sie fortgeführt von italienischen Archäologen sowie einem Team der Universität Leeds in England. Doch die Geldmittel sind gering, und die Arbeit geht langsam voran.

Griechisch-römischer Einfluß. Immerhin gibt es bereits eine ganze Menge neuer Erkenntnisse über Motye. Lange Zeit glaubten die Archäologen, hier eine «reine» Fundstätte vor sich zu haben, in dem Sinne, daß sich in den Trümmern nicht immer wieder neue Generationen eingerichtet hätten. Nach der historischen Überlieferung blieben nach Motyes Fall, wenn überhaupt, nur wenige seiner Bewohner für einen Wiederaufbau übrig; sie hätten die Stadt aufgegeben und seien in eine andere karthagische Stadt umgesiedelt, nach Lilybaeum auf einer nahe gelegenen Halbinsel. In den letzten Jahren ist die Wissenschaft jedoch zu dem Schluß gekommen, daß Motye – vermutlich schon 396 v. Chr. – von Griechen und Römern neu besiedelt wurde. Das heißt, es ist nicht länger möglich, alle Ruinen als eindeutig karthagisch zu klassifizieren.

Die Überreste einer lebendigen Stadt. Daß Dionysios 397 v. Chr. Motye einäscherte, ist durch die großen Mengen von Asche und verkohltem Holz in den Ruinen bewiesen. Bei vielen der bisher freigelegten Häuser zeigte sich, daß ihre Fundamente und Untergeschosse aus Stein erbaut waren, mit Stein- oder verputzten Lehmfußböden, während die Obergeschosse, wie aus den Ascheresten hervorgeht, aus Holz errichtet waren. Die Hauptzugangstore zur Stadt waren vermutlich ebenfalls aus Holz; Aussparungen in den Mauern zeigen uns, wo die Angeln, an denen sie hingen, angebracht waren. Nägel und verkohlte Holzstücke haben sich im Schutt am Stadttor erhalten, ungefähr an der Stelle, wo sie hinfielen, als die Torflügel aufgebrochen, zerschlagen und dann vom Feuer verzehrt wurden.

Nicht weit vom Stadttor liegt eine Töpferwerkstatt. Hier hat sich ein Brennofen erhalten, zusammen mit einem – zum Trocknen ausgelegten – Vorrat der noch unglasierten Rottonware, die die Motyer in großen Mengen herstellten. Daneben befaßten sie sich viel mit Fischen, Weben und Färben – zu letzterem verwendeten sie die einheimische Stachelschnecke. Die Netze und Webstühle, die sie benutzten, sind längst verschwunden, nicht aber die Senkgewichte aus Terrakotta oder Marmor, mit denen einst die Netze bzw. Webketten beschwert waren. Sie finden sich noch überall im Trümmerschutt.

Immer wieder läßt diese oder jene kleine Einzelheit etwas von der Atmosphäre des täglichen Lebens in Motye deutlich werden. So hat man große Steinbottiche gefunden, die man zunächst für Regentonnen hielt, bis man entdeckte, daß ihr Boden mit einer Zementmörtelschicht verstärkt war; einige wiesen noch Spuren einer Eisenverkleidung auf. Offensichtlich wurde in ihnen Korn gemahlen. Im Verlauf der Ausgrabungen wurde die vom äußeren Tor in die Stadt führende Hauptstraße von dem sie bedeckenden Trümmerschutt befreit. Sie hat tief eingegrabene Furchen – die sichtbare Spur, daß hier jahrhundertelang schwerbeladene Wagen knarrend über das Pflaster rumpelten; ihre Größe läßt sich aus dem Abstand zwischen den Furchen errechnen. Weniger abgenutzt sind mehrere Steintreppen, die von den Mauern ans Wasser hinabführen. Zumindest eine Treppe war erst so kurze Zeit vor der Belagerung angelegt worden, daß sich gar keine Gelegenheit mehr fand, sie abzutreten.

Griechische Tempel. Überall spürt man den griechischen Einfluß. Ohne Zweifel gab es lebhafte Handelsbeziehungen zwischen Griechen und Motyern. Hier wie auch sonst überall in der mediterranen Welt konnten es die alten einheimischen Kunststile mit den unvergleichlich attraktiveren griechischen nicht aufnehmen. Die am besten erhaltenen Reste eines Privathauses von Motye haben einen Mosaikfußboden, der griechische und phönizische Stilelemente enthält, und eine Säulenvorhalle im griechischen Stil.

Es scheint, daß sogar Griechen vor und nach 397 v. Chr. in Motye lebten,

Steinquader fassen den Zugang zum Dock von Motye ein. Einige Steine haben Löcher, was darauf schließen läßt, daß hier Pfähle hineingebohrt wurden, um ein Schiff zu stützen, bis die Reparaturen am Rumpf ausgeführt waren. Auch dieser Zugang zur Stadt hatte seine Verteidigungstürme. Bei der Belagerung Motyes machte man den Kanal mit drei großen Felsblöcken unpassierbar.

vermutlich Handwerker und Händler, die immerhin so seßhaft dort wohnten, daß sie ihre eigenen Tempel hatten. Auch wenn die beiden Völker alte Feinde waren, scheint es beträchtliche Handelskontakte zwischen ihnen gegeben zu haben. Mit Sicherheit befanden sich zum Zeitpunkt der Belagerung Griechen in Motye, die vom Ausbruch des Krieges überrascht wurden. Aber der giftige Haß von Griechen gegen Griechen läßt darauf schließen, daß viele von denen, die Berichten zufolge bei der Verteidigung Motyes halfen, einfach Feinde des Dionysios waren und sich bei den Motyern sicherer fühlten als unter Dionysios.

Das antike Dock. Auf der anderen Inselseite hatten die Motyer einen zweiten Zugang zu ihrer mauerbewehrten Stadt: das Seetor. Statt einer Straße führte von ihm ein ausgemauerter Graben bzw. Kanal zu einem rechteckigen Wasserbecken, das die Motyer auf ihrer kleinen Insel ausgehoben hatten. Seine mit Steinplatten verkleideten Wände sind inzwischen freigelegt und die Schlammablagerungen entfernt worden. Es wirkt heute wie ein etwas über 50 Meter langes und drei Meter tiefes Schwimmbecken. Vielleicht war es ein Dock: ein künstlich angelegtes Becken zur Reparatur und Ausrüstung von Schiffen, ähnlich denen, die man in Karthago gefunden hat, nur viel kleiner, dafür aber besser erhalten. Nicht alle Wissenschaftler sind jedoch mit dieser Deutung einverstanden; manche denken eher an ein Becken, in dem Fische gehalten wurden, um die Nahrungsmittelversorgung jederzeit sicherzustellen.

Religiöse Überlieferungen. Der Trümmerschutt von Motye enthält ferner zahllose Stelen, jene schlichten Grabsteine oder kleinen Gedenksäulen, die ein typisches Merkmal der punischen Religion waren. Die Nekropole der Insel selbst wurde ebenfalls gefunden; sie bestätigt, daß die Motyer in der Frühzeit ihre Toten verbrannten. Später, als entweder der Inselfriedhof überfüllt oder die Macht der Motyer groß genug war, wurde die Nekropole an die sizilianische Küste verlegt, und an die Stelle der Verbrennung trat Bestattung. Auf der Insel dagegen enthielten – höchstwahrscheinlich um Platz zu sparen – beinahe alle Gräber, die man auf einem ziemlich überfüllten Areal bisher gefunden hat, jeweils mehrere Urnen mit menschlicher Asche.

Wie es scheint, hatten die Motyer noch Kontakte mit einem älteren, primitiveren Volk. Ob sie es unterwarfen, beiseite drängten oder friedlich mit ihm zusammenlebten, ist unklar. Aber sie nahmen zum Teil die Begräbnissitten dieser älteren Bewohner an, die noch in steinzeitähnlichen Verhältnissen lebten. Manche Waffen und Geräte, die jenen frühen Gräbern beigegeben waren, bestanden noch aus bearbeitetem Feuerstein. Diese Vorgänger kannten zwar bereits die Kunst, Tongefäße herzustellen, hatten es darin aber noch zu keiner größeren Vollkommenheit gebracht. Die Gräber enthalten Gefäße von überaus roher Machart, die nur von Hand geformt waren und nicht mit Hilfe der Töpferscheibe.

Diese kunstlosen kleinen Bruchstücke einer primitiveren Kultur sind sehr interessant, denn sie lassen ahnen, wie es möglich war, daß die Karthager ihre Marktsituation so lange derart erfolgreich ausnutzen konnten. Man kann annehmen, daß viele der Völker, mit denen sie in Berührung kamen – auf den Inseln des westlichen Mittelmeers, in Spanien und an der afrikanischen Atlantikküste –, einen ähnlichen technologischen Rückstand hatten. Ein karthagisches Tongefäß, gleichgültig wie minderwertig es im Vergleich mit einem athenischen, kretischen oder ägyptischen war, mußte ihnen wie ein Wunder an Symmetrie vorkommen.

Im Jahre 1919 wurde auf Motye unweit der ersten eine zweite Begräbnisstätte entdeckt. Die Urnen, die man hier fand, waren sehr klein, die meisten nur etwa 30 Zentimeter hoch. Als man sie der Reihe nach öffnete, zeigte sich, daß sie, wie die Urnen in Karthago, die Asche von Jungtieren und Kleinkindern enthielten. Es handelte sich hier also nicht um einen gewöhnlichen Friedhof, auf dem man die Toten bestattete, sondern um eine heilige Stätte, ein Tophet, wo erstgeborene Kinder geopfert wurden – oder, als Ersatz für das Erstgeborene, ein Jungtier.

Der sizilianische Krieg. Das ist vorläufig fast alles, was sich über Motye sagen läßt. Sein jähes Ende als karthagische Kolonie 397 v. Chr. macht es für den Besucher zu einer faszinierenden Stätte – faszinierender in vieler Hinsicht als zwei karthagische Städte, die auf Sizilien weiterbestanden: Panormos (das heutige Palermo) und Lilybaeum (heute Marsala), die beiden Stützpunkte, von denen aus Karthago den Kampf mit den Griechen um die Beherrschung Siziliens fortsetzte. Dieser Kampf ging mit mehrfach wechselndem Glück ein volles Jahrhundert weiter, ohne daß eine der beiden

Seiten imstande war, für längere Zeit einen entscheidenden Vorteil zu erringen. Für Karthago war es eine Epoche wachsender Macht und Prosperität. Die Stadt wurde größer und schöner. Sie brachte immer mehr Teile ihres afrikanischen Hinterlandes unter ihre Kontrolle. Bis zum Dritten Punischen Krieg, der mit dem Fall der Stadt endete, hatte Karthago nur ein paarmal Feinde in seinen Mauern gesehen. Seine Kriege wurden in fremden Ländern geführt, und es war nicht den regelmäßig wiederkehrenden Raubüberfällen und Plünderungen ausgesetzt, von denen viele andere antike Stadtstaaten heimgesucht wurden.

Trotz dieser Vorteile stand es um Karthagos Angelegenheiten keineswegs so gut, wie man eigentlich erwartet hätte. Die sizilianischen Kriege wurden zwar ebenfalls fernab der Stadt geführt, machten sich aber in der Staatskasse bemerkbar. Das Söldnerheer riß jedesmal ein großes Loch in den Staatsschatz, und so gerieten die Heerführer und Admirale, die mit der militärischen Durchführung der Feldzüge betraut waren, in ein immer heftigeres Feuer der Kritik wegen ihrer Unfähigkeit, dauerhafte Siege zu erringen.

Feldherr in Karthago. So lukrativ es gewesen sein mag, in Karthago Feldherr zu sein, es war auf keinen Fall ein müheloses Amt und wurde jetzt ein immer gefährlicherer Posten. Zu der alteingewurzelten Feindseligkeit aller Karthager gegenüber jedem, der zu mächtig oder zu erfolgreich wurde, kam verstärkend das Mißtrauen der Regierung bzw. des Rates der 104 gegenüber dem eigenen Heer. Diese Versammlung aus engstirnigen, eifersüchtigen Geldaristokraten war nachtragend und immer bereit, die ihr unterstehenden Heerführer zu kritisieren und beim ersten Anzeichen eines Mißerfolges nach Karthago zu zitieren, um ihnen den Prozeß zu machen. Im Laufe der Zeit wurde der Rat immer unversöhnlicher. Spätestens beim Ausbruch des ersten Krieges mit Rom 264 v. Chr. war das Amt eines karthagischen Heerführers absolut lebensgefährlich geworden. Der Überlieferung nach wurde ein Feldherr gekreuzigt, nur weil er sich bei einem Überraschungsangriff gefangennehmen ließ. Ein anderer wurde zu einer hohen Geldstrafe verurteilt, weil er eine Stadt aufgegeben hatte. Einen dritten kreuzigte man, weil er auf See eine Niederlage erlitt. Ein Heerführer namens Hasdrubal starb am Kreuz, weil es ihm nicht gelang, Panormos (Palermo) zu erobern, und einen anderen namens Hannibal schlugen seine Soldaten nach einer verlorenen Schlacht ans Kreuz.

Was mochte unter diesen Umständen noch jemanden dazu bewegen, Heerführer zu sein? Vor allem natürlich die Sucht nach Reichtum, Ehre und sozialem Rang. Aber es gab vielleicht auch tiefere Gründe. Viele der gewählten militärischen Führer Karthagos waren verkappte «Falken» mit einer lang aufgestauten Lust am Befehlen und mit Träumen von Macht. Der Rat war sich nicht zu gut, sie für die kaufmännischen Ziele seiner Mitglieder einzusetzen, im Vertrauen darauf, sie jederzeit am kurzen Zügel führen zu

können. Die Heerführer ihrerseits wetteiferten miteinander um das Oberkommando, in der Hoffnung, auch weiterhin im Felde siegreich zu bleiben und sich auf diese Weise die Gunst des Rates zu erhalten.

Die römische Macht. In der hieraus zwangsläufig entstehenden Atmosphäre gegenseitigen Mißtrauens war eine konsequente Außenpolitik schwer durchzuhalten. Karthago zeigte sich unfähig, eine annehmbare Lösung für das Problem zu finden, wie es seinen Militärs freie Hand lassen und ihnen vertrauen konnte. Das erklärt zum Teil, weshalb es ihm nicht gelang, die Griechen aus Sizilien zu vertreiben, selbst als ganz Griechenland in den chaotischen Wirren nach Alexanders des Großen Tod hoffnungslos zerspalten war. Ein endgültiger Lähmungszustand unter den sizilianischen Griechen wurde erst mit Hilfe der römischen Heeresmacht erreicht, und Karthago sah sich unvermutet einem neuen und noch furchtbareren Feind gegenüber.

Jetzt zeigte sich zum erstenmal die grundsätzliche Schwäche Karthagos. Die römische Macht gründete sich auf großen Landbesitz: Über viele Jahrzehnte hin war ein großer Teil Italiens durch Eroberungen oder Verträge zu einer soliden politischen Einheit zusammengeschweißt worden, die von einem großen und schlagkräftigen Bürgerheer verteidigt wurde. Karthagos Macht dagegen beruhte letztlich auf Geld – Geld, mit dem die Stadt andere dafür bezahlen konnte, in Kriegen für sie zu kämpfen. Abgesehen von den Ackergebieten in Karthagos unmittelbarer Umgebung (in denen es zudem von unzufriedenen Menschen zweiter Klasse, die kein Bürgerrecht besaßen, wimmelte) hatte der karthagische Staat keinen Landbesitz, sondern nur Handelsniederlassungen. Sein Interesse richtete sich in erster Linie auf Reichtum und nicht auf territoriale Ausweitung. Den Krieg betrachtete Karthago nur als ein anderes Mittel, um zu Reichtum zu kommen; es war bereit, Kapital in Söldnerarmeen zu investieren wie in jede andere Ware, wenn es sie für nötig hielt, um den ungehinderten Geldfluß zu sichern.

Obwohl Karthago imperialistische Allüren zeigte und oft so auftrat, als beherrsche es ein Reich, beschränkte sich seine Herrschaft in Wirklichkeit auf den Handel. Die Nordafrikaner, die von den Karthagern lange in so anmaßender Weise behandelt wurden, waren nie ein sicherer Posten. Und ebensowenig waren es die übrigen punischen Städte im Westen. Nach außenhin unterwürfig, bildeten sie doch nie einen «Teil» Karthagos. Aus lange aufgestauter Unzufriedenheit wegen der Aufteilung des Handels,

Motyes Haus der Amphoren, so genannt wegen der vielen in ihm gefundenen Tongefäße, wurde 1968 ausgegraben. Es ist eine eigenartige Mischung aus einer offensichtlich alten Töpferwerkstatt und einem späteren Bau – vielleicht einem Wohnhaus –, den sich ein griechischer Eigentümer nach der Eroberung der Stadt errichtete; die griechische Säule in der Bildmitte legt diese Vermutung nahe.

fielen manche, als es zur Auseinandersetzung mit Rom kam, von der Stadt ab.

Die Kraftprobe mit Rom. Sie entzündete sich an Sizilien und erfolgte im Anschluß an eine Reihe unbedeutender Streitigkeiten hinsichtlich der Herrschaft über diese Schlüsselinsel. 264 v. Chr. brach der Krieg aus. Er schleppte sich über mehr als 20 Jahre hin und endete für Karthago demütigenderweise ausgerechnet mit einer Niederlage zur See. Die Römer hatten den Krieg ohne jede Kenntnis von Seestrategie und ohne Flotte begonnen; sie mußten eine gekaperte punische Galeere als Muster nehmen, um eigene, bald schon gleichwertige Schiffsgeschwader zu bauen.

Als die Römer schließlich den Ersten Punischen Krieg gewannen, vertrieben sie die Karthager aus Sizilien und erlegten ihnen schwere Tributzahlungen in Silber über einen Zeitraum von 20 Jahren auf. Karthago aber konnte weder die Tribute noch das Geld für seine angeworbenen Heere aufbringen, was zum Aufstand der Söldner führte. Der Mann, der die Revolte schließlich niederschlug, war ein harter, glänzender Heerführer vom alten Schlage: Hamilkar Barkas, der Begründer der sogenannten Dynastie der Barkiden. Er war angewidert von der vergifteten politischen Atmosphäre in seiner Vaterstadt und eifrig darauf bedacht, etwas von der Macht zurückzugewinnen, die seine Vorgänger besessen hatten. Außerdem war er sich wohl auch darüber im klaren, daß er in Karthago selbst vermutlich nie den Druck und Argwohn des Rates von sich würde abschütteln können. Also faßte Hamilkar Barkas den kühnen Entschluß, nach Spanien zurückzukehren, wo er ein Heer geführt hatte, und dort den Versuch zu wagen, sich ein eigenes Machtzentrum aufzubauen.

Die Gründung Neu-Karthagos. 237 v. Chr. brach er auf, zusammen mit seinem neun Jahre alten Sohn Hannibal, nachdem er dem Knaben den Eid abgenommen hatte, sein ganzes Leben der Vernichtung Roms zu weihen. Die Barkiden – im ganzen fünf: Hamilkar, sein Schwiegersohn Hasdrubal und seine Söhne Hannibal, Mago und ein weiterer Hasdrubal – waren außergewöhnliche Männer. Von großem Ehrgeiz und unglaublicher Tatkraft erfüllt, sprengten sie die Enge der Kaufmannswelt, in der das karthagische Patriziat gefangen war. Sie erkannten die Notwendigkeit, den Handel mit einer zielstrebigen Kriegs- und Staatspolitik zu verbinden. In kurzer Zeit schufen sie sich ein großes Privatreich, das fast die ganze südliche Hälfte der spanischen Halbinsel umfaßte – ein weit umfangreicheres Territorium als Karthago selbst. Sie unterwarfen die einheimischen Iberer, schufen sich eine kleine, aber außergewöhnlich schlagkräftige Söldnerarmee und finanzierten sie aus den spanischen Bergwerken, die sie jetzt kontrollierten und deren Ertrag sie bedeutend steigerten. Die Kriegsschulden an Rom wurden bezahlt. Eine zweite Hauptstadt, Neu-Karthago, wurde gegründet. Diese Stadt auf spanischem Boden wurde eine unabhängige Machtbasis, von der Hamilkar so lange geträumt hatte.

Das Spanienunternehmen war gefestigt, als Hamilkar 229 v. Chr. im Kampf fiel. Sein Schwiegersohn Hasdrubal baute es weiter aus, wurde jedoch schon 221 v. Chr. aus persönlicher Rache von einem Stammesangehörigen ermordet. So trat Hannibal im Alter von 25 Jahren das väterliche Erbe an.

Hannibal. Viele Geschichten sind uns von diesem außergewöhnlichen Mann überliefert. Nach einer soll er eine ganze Kollektion verschieden gefärbter Perücken und Rüstungen bei sich geführt haben, so daß er sich während der Schlacht überallhin frei bewegen konnte, ohne von einem feindlichen Scharfschützen entdeckt zu werden. Er postierte Elefanten in Linien in schnellfließenden Flüssen, damit sich die Gewalt des Wassers an ihren Leibern brach und Männer, Pferde und Troß an Stellen übersetzen konnten, an denen sie sonst von der Strömung fortgerissen worden wären. Es wird erzählt, er habe seinen Truppen befohlen, mit Hilfe von Essig (vermutlich vergorenem Wein) Felsen hoch in den Alpen zu sprengen, um so an einem steilen, hoffnungslos glatten und vereisten Hang einen schmalen Pfad zu schaffen.

Hannibal hatte eine wahrhaft eines Alexanders würdige Vision von einem Weltreich. Die meisten damaligen Bewohner Norditaliens, Frankreichs und Spaniens gehörten zu einem riesigen, halbzivilisierten und untereinander in Händel verstrickten Stammesverband, den Kelten. Es war Hannibals Idee, nachdem er eine Reihe der iberischen Stämme unterworfen und aus ihnen eine starke Armee aufgestellt hatte, alle keltischen Stämme zu einem allgemeinen Aufstand gegen die Römer zusammenzufassen. Lag Rom erst einmal am Boden, so wollte er das ganze westliche Mittelmeer in ein karthagisches Reich umwandeln, das er von Karthago aus zu regieren gedachte. Um diesen Plan durchzusetzen, mußte er sich natürlich in einen direkten Kampf mit den Römern einlassen.

Dies stellte Hannibal vor ein immenses militärisches Problem: Wie sollte er an die Römer herankommen? Und falls ihm das gelang, wie sollte er sie schlagen? Sie genossen den Ruf, gute Soldaten zu sein, und besaßen eine starke Flotte. Es war ihnen in der letzten Zeit mehrfach gelungen, karthagische Armeen und Flotten aufzureiben. Als Gegengewicht zu diesen Großleistungen der Vergangenheit verfügte Hannibal über ein unbegrenztes Ver-

Zum Bild auf den beiden folgenden Seiten:
Motyes Schiffsdock ist das kleinste, aber besterhaltene phönizische Beispiel dieser Art. Es ist fast 52 m lang, 35 m breit und maximal etwa 3 m tief. Zugänglich war es über einen rund 7 m breiten, mit Steinen ausgekleideten Kanal und hatte an beiden Seiten Kais zum Löschen der Ladung. Ein Schiff, das hier hineinkam, wurde vermutlich an einer Kaimauer vertäut, bevor es repariert, neu ausgerüstet und beladen wurde.

trauen in seine Feldherrnbegabung und die Qualität seiner Armee, die in mehreren Jahren energischer Feldzüge in Spanien reichliche Kampferfahrung gesammelt hatte. Auf dem Schlachtfeld, fern von den Behinderungen durch die karthagische Regierung, konnte er – ein auf sich gestellter Befehlshaber mit der Möglichkeit, seine eigene Politik durch alle Wechselfälle zu verfolgen – siegreich bleiben, davon war er überzeugt. Auch wußte er, daß er es mit römischen Feldherrn zu tun haben würde, die durch öffentliche Wahl jeweils für einen Feldzug gewählt und nach dessen Ende abberufen wurden, um dann durch andere wiederum gewählte Feldherren ersetzt zu werden. Die römischen Kommandoposten waren politische Pfründen, die in der Regel an Patrizier vergeben wurden; die wenigsten dieser politischen Heerführer hatten jemals Gelegenheit gehabt, irgendwelche militärische Erfahrung zu sammeln.

Der Marsch auf Rom. Schließlich entschloß sich Hannibal, den Kampf weder in Sizilien noch am äußersten Zipfel Italiens, noch zur See zu führen, sondern auf dem Boden des römischen Staates selbst, wo die Römer ohne Zweifel am meisten verwundbar waren.

Ohne Zeit zu verlieren, eroberte Hannibal Sagunt, eine unter römischem Schutz stehende Stadt in Ostspanien, und begann auf dem Landweg seinen Marsch auf Rom. Mit den verschiedenen Stämmen, auf die er unterwegs traf, verwickelte er sich teils in Kämpfe, teils in Verhandlungen. Er vollbrachte die unglaubliche Leistung, eine Armee – samt Elefanten – im Herbst 218 v. Chr. über die Alpen zu führen, durch Schneestürme, heulende Orkane und Hagelschauer, dazu noch bedroht von Felsbrocken, die in engen Schluchten auf das Heer herabstürzten. Die Mehrzahl der Elefanten ging noch in den Bergen an Kälte und Entkräftung ein, und das Heer war sehr geschwächt, als es Bononia (das heutige Bologna) erreichte, wo Hannibal ein Winterlager bezog und neue Truppen aushob.

Im Frühjahr traf Hannibal erneut mit einem römischen Heer zusammen und gewann die erste von mehreren meisterhaft geschlagenen Schlachten, mit denen er Exempel setzte, die noch heute in der Kriegsstrategie als klassisch gelten. Da er wußte, daß die römischen Feldherren unerfahren und nur darauf versessen waren, Heldenlorbeer zu gewinnen, ließ er sie schlau in eine Falle nach der anderen gehen und rieb ganze Armeen auf. Fast zwei Jahre lang führte er ununterbrochen Krieg im Feindesland, aus dem er auch den Lebensunterhalt für seine Truppen bezog. So brachte er die Römer an den Rand der Niederlage, bis sie endlich so weit zur Vernunft kamen, daß sie den Oberbefehl über ihre Truppen in die Hände eines gerissenen alten Heerführers namens Fabius legten.

Ein zermürbendes, verlustreiches Jahr nach dem anderen. Fabius, mit dem Spottnamen Cunctator, der «Zauderer», erkannte Hannibals

Hauptschwäche, die darin lag, daß seine Armee durch Seuchen, Fahnenflucht und Unglücksfälle zusammenschmelzen mußte, wenn er länger in Italien blieb. Außerdem wurde sie nur unzulänglich von Karthago her unterstützt. Wenn man sie daher in einem ständigen Zustand der Beunruhigung hielt, ihr aber nie Gelegenheit zu einer größeren Schlacht gab, würde sie sich selbst erschöpfen und das Land verlassen müssen.

Eben diese Strategie wendete Fabius an. Hannibal, der verzweifelt den Kampf suchte, bemühte sich, Fabius mit jedem erdenklichen Köder zu locken. Er ließ seine Truppen vor- und zurückmarschieren, verließ ungeschützt das Lager und brachte einzelne Abteilungen in so verführerisch exponierte Stellungen, daß sie eigentlich nur noch aufgerieben werden mußten. Ohne Erfolg. Fabius sah zu, wie Hannibals Schlagkraft langsam schwand. Daneben war er vorwiegend damit beschäftigt, eine Clique von Römern zu besänftigen, die ihn leidenschaftlich der Feigheit bezichtigten. Schließlich ersetzte Rom Fabius durch einen großsprecherischen Demagogen namens Varro, der das Heer bei Cannae übernahm und innerhalb weniger Tage eine katastrophale Niederlage erlitt. So wurde die von Fabius entwickelte Strategie von den Römern wieder aufgenommen.

Ein zermürbendes, verlustreiches Jahr nach dem anderen hielt Hannibal sich und sein Heer in Italien und führte ständig Kämpfe. Er nahm eine Reihe wichtiger italienischer Städte ein – teils im Sturm, teils durch Überläufer unter den Einwohnern. Mit der Zeit aber ließ seine Angriffslust nach. Je größer die Landstriche wurden, die er in Italien kontrollierte, desto mehr war er damit beschäftigt, seinen Einflußbereich zu halten oder zu erweitern. In der Zwischenzeit trugen die Römer den Krieg nach Spanien. Die Provinz, die für Hannibal von entscheidender Bedeutung war, weil er von dort Soldaten und Geld bezog, war in Aufruhr. Damit war ein weiterer Punkt geschaffen, um den er sich Sorgen machen mußte. Der Nachschub floß immer spärlicher. Sein Bruder Hasdrubal fiel, dann wurde sein anderer Bruder Mago getötet. Beide hatten ihm als Feldherren gute Dienste geleistet.

Der Krieg zog sich hin. Schließlich tauchte bei den Römern ein Feldherr auf, der Hannibal ebenbürtig war. Es war Publius Cornelius Scipio, Sohn eines anderen hervorragenden römischen Feldherren gleichen Namens. Nach mehreren Siegen in Spanien kehrte Scipio nach Rom zurück und verkündete seinen Plan, den Krieg auf Afrika auszudehnen. Zwei Jahre später errang sein Heer einen überragenden Sieg gegen die dortigen karthagischen Truppen. Umgehend riefen die Karthager Hannibal zurück.

Die Schlacht bei Zama. Wieder in Karthago, erkannte der erfahrene Stratege sofort, daß er hoffnungslos unterlegen war. Er versuchte, Scipio zu treffen, um mit ihm einen Friedensvertrag auszuhandeln. Der römische Geschichtsschreiber Livius (284–204 v. Chr.) beschreibt die Unterredung mit dramatischer Eindringlichkeit, ob nun historisch genau oder nicht:

«Nachdem sie die Bewaffneten sich in gleichem Abstand hatten zurückziehen lassen, trafen sie zusammen: die größten Heerführer nicht allein ihrer Zeit, sondern von gleichem Rang wie jeder beliebige König oder Feldherr aller Zeiten vor ihnen. Für eine kleine Weile verstummten sie, da sie einander erblickten, fast benommen von gegenseitiger Bewunderung. Dann sprach zuerst Hannibal:

‹Wenn es so vom Schicksal gegeben war, daß gerade ich, der ich zuerst den Römern den Krieg ins Land getragen habe und den Sieg sooft schon fast in den Händen hatte, von mir aus komme, um Frieden zu erbitten, so freue ich mich vornehmlich darüber, daß du mir durch das Los gegeben bist, von dem ich ihn erbitten muß. Es dürfte dir unter anderen hervorragenden Taten diese Tatsache nicht zu deinen geringsten Ruhmestiteln zählen, daß Hannibal, dem die Götter Sieg über so viele römische Heerführer gegeben haben, vor dir gewichen ist, und daß du diesem Krieg, der eher durch eure als durch unsere Niederlagen berühmt ist, ein Ende gesetzt hast . . . Infolgedessen verhandeln wir über den Frieden in einem Augenblick, wo das Glück euch begünstigt – eine höchst ärgerliche Situation für uns, während ihr euch nichts Besseres wünschen könnt.

Was mich betrifft, so haben mich, der ich als alter Mann in die Heimat zurückkehre, von wo ich als Knabe fortgegangen bin, die Jahre, haben Glück und Unglück schließlich so in die Lehre genommen, daß ich lieber der Vernunft als dem Glück folgen will. Ich fürchte deine Jugend und dein beständiges Kriegsglück . . . Nicht leicht erwägt die Unsicherheit der Schicksalsschläge, wen das Glück niemals getäuscht hat . . . Gerade dem größten Glück darf man am allerwenigsten vertrauen. In deinem Erfolg und unserer Verlegenheit ist der Friedensschluß für dich ehrenvoll und prächtig, für uns, da wir ihn erbitten müssen, mehr notwendig als ehrenhaft. Besser und sicherer ist ein Friedensschluß, dessen man gewiß ist, als ein Sieg, den man noch erhofft. Der erstere liegt in deiner Hand, der letztere in der Hand der Götter. Überlasse nicht den Erfolg so vieler Jahre einer einzigen Stunde.›»

Hannibal erklärte weiter, die Karthager würden auf ganz Sizilien, Spanien und Sardinien sowie alle kleineren dazwischenliegenden Inseln verzichten und sich auf ihr afrikanisches Küstengebiet beschränken. Seine Rede war geschickt, machte aber, nach Livius, auf Scipio nicht den mindesten Eindruck.

Als Hannibal zu Ende gesprochen hatte, war die Reihe an Scipio. «Rüstet euch für den Krieg», sagte der römische Feldherr äußerst grob, «da ihr unfähig wart, den Frieden zu ertragen.»

Am nächsten Morgen kam es bei der im Landesinneren gelegenen Stadt Zama zur Schlacht. Hannibal wurde besiegt, und der Zweite Punische Krieg war beendet.

Das «Haus der Mosaiken» hat seinen Namen nach den Mustern im Fußboden seines Säulenvorbaus. Sie werden von hellen und dunklen, in eine Mörtelschicht eingebetteten Kieseln gebildet. Löwe und Stier auf der Abbildung sind ihrem Charakter nach phönizisch, die Umrandung zeigt dagegen griechische Ornamente.

Die Bedingungen des Friedensvertrages mit Rom. Die Niederlage wirkte sich auf den karthagischen Unternehmungsgeist lähmend aus. Die Phönizier waren an einen schmalen afrikanischen Küstenstreifen gebunden, und der Friedensvertrag mit Rom untersagte ihnen weitere Kriege. Zu den Schätzen Spaniens, mit denen allein sich eine neue Handelsmacht hätte aufbauen lassen, hatten sie keinen Zugang mehr, und ihre Flotte war auf Befehl Roms vernichtet worden. Ihr territorialer Besitz beschränkte sich auf einen schmalen Landstreifen unmittelbar um die Hauptstadt, und sie waren kaum imstande, jährlich die gewaltige Summe aufzubringen, die die Römer als Kriegsentschädigung forderten. In dieser Situation sah sich Karthago durch seine Nachbarn von einer noch ernsteren Schwierigkeit bedroht.

In früheren Jahren, als der Ausgang des Krieges noch unentschieden war, hatten die Römer sich der Hilfe eines libyschen Stammesfürsten, des Masinissa, versichert, um Unruhe in Nordafrika zu stiften. Bei Kriegsende stand Masinissa an der Spitze eines Wüstenkönigreiches und einer starken Streitmacht plündernd umherziehender Stammeskrieger. Als eine der Bedingungen des Friedensvertrages mit Rom hatten die Karthager geschworen, weder Masinissa noch einen anderen Herrscher in Afrika mit Waffen anzugreifen.

Die letzte große Belagerung Karthagos. Mehr als vierzig Jahre hielten die Karthager diese Klausel im Friedensvertrag redlich ein. Immer wieder forderten sie aus Rom einen Vertreter an, um Streitfälle zu schlichten. Unterdessen wurde Masinissa immer dreister und gieriger, seine Raubzüge provozierten die Karthager schließlich zur Vergeltung. Argwöhnisch selbst gegenüber diesen bescheidensten Anstrengungen Karthagos, sich wieder zu erheben, fielen die Römer erneut über die Phönizier her. Im Jahre 149 v. Chr. begann die letzte der großen Belagerungen, welche die Phönizier im Osten wie im Westen auszuhalten hatten. Bis zum Winter 147/6 v. Chr. hatten sich Karthagos Bewohner auf ihrer Halbinsel hinter einem Labyrinth von Mauern und Verteidigungsgräben verschanzt. Mehrere Monate lang hielten sie, auf einen immer engeren Raum zusammengedrängt, die Römer von der Stadt fern. Halbverhungert und ohne Hoffnung, kämpften sie trotzdem weiter, bis sie in den Befestigungen auf dem Byrsa-Hügel eingeschlossen waren, wo Elissa 667 Jahre zuvor ihre Burg gegründet hatte. Schließlich legte die kleine Gruppe der letzten Verteidiger Feuer an den Tempel, drängte sich hinein und verbrannte bei lebendigem Leibe.

Es bleibt eine merkwürdige Tatsache, daß Anfang wie Ende Karthagos trotz all der Gewaltsamkeiten, die an der Tagesordnung waren – den politischen Morden, den Kreuzigungen von Feldherren, der barbarischen Behandlung von Sklaven und Menschen zweiter Klasse, den schrecklichen Grausamkeiten des Söldneraufstandes, der rituellen Massenabschlachtung von Kriegsgefangenen, der Opferung einer für immer unbekannten Zahl von Kindern zu Ehren Baals – gleichermaßen durch einen Akt der Selbstvernichtung gekennzeichnet sind. Wie Karthagos Gründerin Elissa begingen die letzten Überlebenden der Stadt Selbstmord, entweder aus Verzweiflung oder in einem endgültigen Bekenntnis zu ihren blutrünstigen Göttern. Karthago war in mehr als einer Hinsicht ein düsterer Ort, und sein Ende, so will es scheinen, entsprach im wesentlichen seiner Geschichte.

Diese Tabellen zeigen die Entwicklung des Lebens auf der Erde vom ersten Erscheinen in den Gewässern des neugebildeten Planeten bis zur Evolution des Menschen. Sie verfolgen seine körperlichen, gesellschaftlichen, technologischen und geistigen Fortschritte bis zum Anbruch unserer Zeitrechnung. Um diese Fortschritte in die allgemein gebräuchliche chronologische Reihenfolge zu bringen, enthält die Spalte, die sich links außen in jedem der vier Abschnitte der Tabelle befindet, jeweils die großen geologischen Zeitalter, in die die Geschichte der Erde eingeteilt ist. Die zweite Spalte verzeichnet die archäologischen Zeitalter der menschlichen Geschichte. Die wichtigsten Daten für die Entstehung des Lebens und die hervorragendsten Leistungen des Menschen erscheinen in der dritten Spalte. (Ereignisse, die in diesem Band der Reihe «Die Frühzeit des Menschen» behandelt werden, sind fett gedruckt.) Die Tabellen sind nicht maßstabgetreu.

Geologie	Archäologie	Milliarden Jahre zurück	
Präkambrium Frühestes Erdzeitalter		**4,5**	Entstehung der Erde
		4	Bildung des Urmeers
			Erste Spuren von Leben, einzellige Algen und Bakterien, erscheinen im Wasser
		3	
		2	
		1	
		Millionen Jahre zurück	
			Erste sauerstoffatmende tierische Lebewesen erscheinen
		800	
			Primitive Organismen entwickeln voneinander abhängige spezialisierte Zellen
		600	Panzertragende mehrzellige wirbellose Tiere erscheinen
Paläozoikum Erdaltzeit			Evolution der Panzerfische, der ersten Tiere mit Wirbelsäule
		400	Kleine Amphibien wagen sich aufs Land
			Reptilien und Insekten entstehen
			Thecodontier, Vorfahren der Dinosaurier, erscheinen
Mesozoikum Erdmittelalter		**200**	Das Zeitalter der Dinosaurier beginnt
			Vögel erscheinen
			Säugetiere leben im Schatten der Dinosaurier
			Das Zeitalter der Dinosaurier geht zu Ende
		80	
			Prosimier, die frühesten Primaten, entwickeln sich auf Bäumen
Känozoikum Erdneuzeit		**60**	
		40	Affen und Menschenaffen erscheinen
		20	
		10	Ramapithecus, der älteste bekannte Primat mit menschenähnlichen Zügen, entwickelt sich in Indien und Afrika
		8	
		6	
		4	Australopithecus, der unmittelbarste Primatenvorfahr des Menschen, erscheint in Afrika

Geologie	Archäologie	Millionen Jahre zurück	
Unteres Pleistozän Älteste Periode der Neuzeit	**Unteres Paläolithikum** Älteste Periode der Altsteinzeit	2	Das älteste bekannte Werkzeug wird in Afrika von Menschen hergestellt
			Der erste echte Mensch, Homo erectus, erscheint in Ostindien und Afrika
		1	Homo erectus bevölkert die gemäßigten Zonen
		Jahrtausende zurück	
Mittleres Pleistozän Mittlere Periode der Neuzeit		800	Der Mensch lernt den Gebrauch des Feuers
		600	
			Große organisierte Elefantenjagden finden in Europa statt
		400	Der Mensch beginnt, künstliche Heimstätten aus Zweigen und Fellen zu bauen
		200	
Oberes Pleistozän Jüngste Periode der Neuzeit	**Mittleres Paläolithikum** Mittlere Periode der Altsteinzeit		Der Neandertaler erscheint in Europa
		80	
Letzte Eiszeit		60	Rituelle Begräbnisse in Europa und Vorderasien deuten auf den Glauben an ein Leben nach dem Tode hin
			Neandertaler jagen in Nordeuropa Wollmammute
		40	Der Höhlenbär wird Mittelpunkt kultischer Verehrung in Europa
	Oberes Paläolithikum Jüngste Periode der Altsteinzeit		Der Cro-Magnon-Mensch erscheint in Europa
			Asiatische Jäger überqueren die Beringstraße und bevölkern Amerika
			Die älteste bekannte schriftliche Aufzeichnung, ein Mondkalender auf Knochen, wird in Europa hergestellt
			Der Mensch erreicht Australien
			Erste Künstler bemalen Höhlenwände und -decken in Frankreich und Spanien
		30	Figurinen werden geschnitzt und bei der Naturverehrung verwendet
		20	Die Erfindung der Nadel ermöglicht das Nähen
Holozän Jetztzeit			Auf den Great Plains in Nordamerika beginnt die Bisonjagd
	Mesolithikum Mittelsteinzeit	10	Erfindung von Pfeil und Bogen in Europa
			Die ersten Töpferwaren entstehen in Japan

Geologie	Archäologie	Jahre v. Chr.	
Holozän *(Fortsetzung)*	**Neolithikum** Jungsteinzeit	**9000**	
			Im Vorderen Orient werden Schafe domestiziert
			In Nordamerika wird der Hund domestiziert
		8000	Die erste Stadt – Jericho – wird gebaut
			In Persien werden Ziegen domestiziert
			Der Mensch baut das erste Getreide, Weizen und Gerste, im Vorderen Orient an
		7000	Im Vorderen Orient entwickeln sich dörfliche Lebensformen
			Çatal Hüyük in der heutigen Türkei entwickelt sich zur größten Stadt des Neolithikums
			Im Vorderen Orient wird der Webstuhl erfunden
			Rinder werden im Vorderen Orient domestiziert
		6000	Der Ackerbau verdrängt in Europa langsam die Jagd
			Im Gebiet des Mittelmeeres wird mit Kupfer gehandelt
			In Mexiko wird Mais angebaut
	Kupferzeit	**4800**	In der Bretagne entsteht das älteste bekannte Steinmonument
		4000	Segelboote werden in Ägypten benutzt
			Erste Stadtstaaten entwickeln sich in Sumer
			Im Vorderen Orient beginnt man, Rollsiegel als Erkennungsmarken zu benutzen
		3500	Die ersten Kartoffeln werden in Südamerika angebaut
			Das Rad wird in Sumer erfunden
			Im Fernen Osten wird der erste Reis angebaut
			In China wird die Seidenraupe domestiziert
			Pferde werden in Südrußland domestiziert
			Ägyptische Handelsschiffe befahren erstmals das Mittelmeer
			Im Vorderen Orient wird die Bilderschrift erfunden
	Bronzezeit	**3000**	Im Vorderen Orient entstehen die ersten Bronzewerkzeuge
			Das Stadtleben dringt ins Niltal vor
			Der Pflug wird im Vorderen Orient entwickelt
			Ein genauer, auf astronomischen Beobachtungen basierender Kalender wird in Ägypten aufgestellt
		2800	In England wird mit dem Bau von Stonehenge, dem berühmtesten alten Steinmonument, begonnen
			In Ägypten werden Pyramiden gebaut

Geologie	Archäologie	Jahre v. Chr.	
Holozän *(Fortsetzung)*	**Bronzezeit** *(Fortsetzung)*	**2600**	Eine Vielzahl von Göttern und Helden wird im Gilgamesch-Epos und anderen Epen des Vorderen Orient verherrlicht
		2500	Im Industal entstehen Städte
			Erste nachweisbare Verwendung von Skiern in Skandinavien
			Die erste schriftliche Gesetzessammlung wird in Sumer verfaßt
			Minoische Palastgesellschaften entstehen auf Kreta
		2000	
			Die Verwendung von Bronze in Europa
			Im Tal des Indus werden Huhn und Elefant domestiziert
			Die Eskimokultur beginnt im Gebiet der Beringstraße
		1500	Die Erfindung seetüchtiger Auslegerkanus befähigt den Menschen, Inseln in der Südsee zu erreichen
			In China werden sakrale Bronzeskulpturen geschaffen
			Die Hethiter gründen ein Imperium, dem entfernte Provinzen unterstehen
		1400	Im Vorderen Orient wird Eisen verwendet
			Die erste vollständige Alphabetschrift wird von den Bewohnern der Stadt Ugarit in Syrien ersonnen
			Hebräer führen den Begriff des Monotheismus ein
		1000	In Eurasien wird das Ren domestiziert
	Eisenzeit		**Phönizier verbreiten das Alphabet**
		900	
		800	Verwendung von Eisen beginnt sich in ganz Europa zu verbreiten
			Das erste Landstraßensystem wird in Assyrien angelegt
			Homer dichtet die *Ilias* und die *Odyssee*
			Berittene Nomaden erscheinen im Vorderen Orient als neue Macht
		700	Gründung Roms
			Erfindung der Schubkarre in China
		200	*Mahabharata* und *Ramajana*, Niederschrift der indischen Götter- und Heldenepen
			Erfindung des Schöpfrades im Vorderen Orient
		0	Das christliche Zeitalter beginnt

Literaturhinweise

Bullock, A.: Kultur, die Wiege stand im Orient. Im Spannungsfeld der Stromkulturen zwischen Nil und Indus entstanden die ersten zivilisierten Kulturen (Humboldt-Tb, 152). Humboldt Taschenbuch Verlag, München 1971

Franke, H. v., H. Hoffmann und H. Jedin (Hg.): Saeculum Weltgeschichte. Bd. 1. Ursprung und Frühkulturen / Primäre Zentren der Hochkultur / Weltgeschichtliche Berührungszonen. Herder Verlag, Freiburg 1965

Gutbrod, K.: DuMonts Geschichte der frühen Kulturen der Welt. (DuMont Dokumente). Verlag M. Dumont Schauberg, Köln 1975

Herm, G.: Die Phönizier. Das Purpurreich der Antike (rororo sachbuch 6909). Rowohlt Taschenbuch Verlag, Reinbek bei Hamburg 1975

Keller, W.: Denn sie entzündeten das Licht. Droemersche Verlagsanstalt Th. Knaur Nachf., München 1970

Müller-Karpe, H.: Handbuch der Vorgeschichte. Bd. V. Früheisenzeit. C. H. Beck'sche Verlagsbuchhandlung, München 1974

Parrot, A., M. Chéhab und S. Moscati: Universum der Kunst. Bd. XXIII. Die Phönizier. C. H. Beck'sche Verlagsbuchhandlung, München 1976

Pigott, S.: Vorgeschichte Europas. Vom Nomadentum zur Hochkultur. Kindlers Kulturgeschichte des Abendlandes. Bd. 1. Kindler Verlag, München

Schiffe, vom Papyrusboot zum Supertanker. (Blick hinein, 3). Carlsen Verlag, Reinbek 1976

Sprague de Camp, L.: Ingenieure der Antike. Econ Verlag, Düsseldorf 1964

Warmington, B. H.: Karthago. Aufstieg u. Untergang einer antiken Weltstadt. Verlag F. A. Brockhaus, Wiesbaden 1964

Personennamenregister

Sachwortregister

Danksagungen

Für ihre Hilfe beim Zustandekommen dieses Buches sind die Herausgeber zu Dank verpflichtet: R. Tucker Abbott, du Poni Chair of Malacology, Delaware Museum of Natural History, Greenville, Delaware; American Numismatic Society, New York City; Pierre Amiet, Conservateur en chef, Département des Antiquités Orientales, Musée du Louvre, Paris; Giuseppe Azzarello, Administrator der Whittaker-Stiftung, Palermo/Italien; Leila Badre, Stellvertretende Kustodin am Archaeological Museum of the American University of Beirut/Libanon; Ferruccio Barreca, Soprintendente des Museo Archeologico Nazionale, Cagliari/Italien; Catherine Bélenger, Public Relations, Musée du Louvre, Paris; Carmine Belluardo, Soprintendenza alle Antichità, Palermo/Italien; Hares Boustany, Kustos am Nationalmuseum, Beirut/Libanon; Lionel Casson, Professor of Classics, New York University, New York City; Annie Caubert, Kustodin am Département des Antiquités Orientales, Musée du Louvre, Paris; Emir Maurice Chéhab, Amtierender Direktor der Abteilung für Antike, Beirut/Libanon; Necati Dolunay, Direktor des Arkeoloji Müzeleri, Istanbul/Türkei; William K. Emerson, Kustos am Department of Living Invertebrates des American Museum of Natural History, New York City; Honor Frost, Leiterin der Ausgrabungen punischer Schiffe, Marsala/Italien; Paul L. Garber, Professor of Bible and Religion, Agnes Scott College, Decatur, Georgia; Istituto Archeologico Germanico, Rom; Mogens Gjödesen, Kustos der griechischen und römischen Altertümer an der Ny Carlsberg Glyptotek, Kopenhagen/Dänemark; Ralph Hachmann, Professor für Alte Geschichte an der Universität des Saarlandes, Saarbrücken; B. S. J. Isserlin, Professor of Semitic Studies, University of Leeds/England; Norman Kotker, New York City; Baruch A. Levine, Professor of Hebrew, Department of Near Eastern Languages and Literatures, New York University, New York City; M. I. Manussacas, Direktor des Hellenischen Instituts für Byzantinische Studien, Venedig/Italien; Mario Moretti, Soprintendente Villa Giulia, Etruskisches Museum, Rom; Sabatino Moscati, Direktor, Institut des Vorderen Orients, Universität Rom, Italien; Rabbi Yochanan Muffs, New York City; Musée National, Karthago/Tunesien; Francesco Pugliese, Motye, Marsala/Italien; Vincenzo Pugliese, Motye, Marsala/Italien; Roger Saidah, Dozent für Archäologie, American University of Beirut/Libanon; Dr. Shawki Shaath, Abteilung für Antike, Damaskus/Syrien; Françoise Tallon, wissenschaftliche Mitarbeiterin am Département des Antiquités Orientales, Musée du Louvre, Paris; Peter Throckmorton, Meeresarchäologe, Kastella, Piräus/Griechenland; Department of Western Asiatic Antiquities am British Museum, London; G. Ernest Wright, Parkman Professor of Divinity, Harvard School of Divinity, Harvard University, Cambridge/Massachusetts.

Bildquellennachweis

(Die Seitenzahlen stehen vor den Namen derer, die Fotos, Zeichnungen oder Graphiken für diesen Band zur Verfügung gestellt haben.)

Umschlagvorderseite: © Pierre Boulat; 7: Illustration von Fred Freeman. 8: Novosti Press Agency mit Genehmigung des Puschkin-Museums der Schönen Künste, Moskau. 10/11: Karte von Rafael D. Palacios. 16: Giraudon mit Genehmigung des Musée du Louvre. 21: Pierre Boulat mit Genehmigung des Musée du Louvre. 23: Nik Wheeler von Black Star. 28: Mit Genehmigung des Istituto Archeologico Germanico, Rom. 31: Sunday Times/ Honor Frost und David Singmaster. 34: Michael Holford mit Genehmigung der Trustees of the Britisch Museum. 36: Zeichnungen von Ted Lodigensky. 39: Kein Nachweis. 40/41: Illustrationen von Fred Freeman. 47: Peter Davey mit Genehmigung der Trustees of the British Museum. 49: Zeichnungen von Ted Lodigensky. 50: Wiedergabe von James Alexander. 52: David Lees mit Genehmigung des Museo Archeologico Nazionale, Cagliari. 55: Frank Lerner aus Büchern der Sammlung der American Museum of Natural History Liberary außer oben links: Frank Lerner mit Genehmigung der New York Public Library. 60/61: Mit Genehmigung der Trustees of British Museum. 68 oben: Hirmer Fotoarchiv München mit Genehmigung des Iraq Museum, Baghdad. 68/69 unten: David Lees mit Genehmigung des Museo Archeologico Nazionale, Cagliari. 69 oben links: David Lees mit Genehmigung des Whitaker Museum, Motye. 69 rechts: David Lees mit Genehmigung des Whitaker Museum, Motye. 70: Erich Lessing von Magnum mit Genehmigung des Musée National, Beirut/Libanon. 74: David Lees. 81: Mit Genehmigung des University Museum der University of Pennsylvania aus A. H. Layard, The Monuments of Nineveh, Volume I. 87: Frank Lerner mit Genehmigung der American Numismatic Society. 96: Mirko Toso mit Genehmigung des Istituto Ellenico di Studi Bizantini, Venedig. 98: Lauros-Giraudon mit Genehmigung des Musée du Louvre. 102: Roger Wood mit Genehmigung des Musée National du Bardo, Tunesien. 108: Erich Lessing von Magnum mit Genehmigung des Musée National, Beirut/Libanon. 114: Peter Keen mit Genehmigung des Archaeological Museum of the American University of Beirut/Libanon. 116 oben: Mit Genehmigung des Musée du Bardo, Tunesien. 116 unten: Honor Frost. 119: David Lees mit Genehmigung des Musée National du Bardo, Tunesien. 124: Mit Genehmigung der Trustees of the British Museum. 127: Peter Davey mit Genehmigung der Trustees of the British Museum. 129: David Lees. 133: Maitland A. Edey. 136: David Lees. 140/141: Maitland A. Edey. 145: David Lees.